新時代の保育双書

保育内容 人間関係

第2版

みらい

執筆者一覧（五十音順）　○＝編者

秋田喜代美（あきたきよみ）	（学習院大学）	第6章、第9章第7節
浅原麻美（あさはらあさみ）	（神戸大学附属幼稚園）	第5章事例1
小田　豊（おだゆたか）	（元聖徳大学）	第4章第3節
片岡章彦（かたおかふみひこ）	（大阪成蹊大学）	第9章第6節、第1章コラム、第3章コラム
白取真実（しらとりまみ）	（帝京短期大学）	第2章コラム
菅原　創（すがわらはじめ）	（江戸川双葉幼稚園）	第8章第5節〜第8節
賞雅さや子（たかまさやこ）	（仙台大学）	第5章コラム
竹石聖子（たけいししょうこ）	（常葉大学短期大学部）	第10章コラム
田中孝尚（たなかたかなお）	（神戸大学附属幼稚園）	第5章本文
中山昌樹（なかやままさき）	（認定こども園あかみ幼稚園）	第7章第3節〜第5節、第7章コラム
西山隆子（にしやまたかこ）	（神戸大学附属幼稚園）	第5章事例3
長谷範子（はせのりこ）	（花園大学）	第9章第1節〜第4節、第9章コラム
濱名　潔（はまなきよし）	（武庫愛の園幼稚園）	第7章第1・2節
○濱名　浩（はまなひろし）	（関西国際大学／立花・武庫愛の園幼稚園）	第1章、第9章第5節
藤野正和（ふじのまさかず）	（長崎短期大学）	第10章
松川恵子（まつかわけいこ）	（仁愛女子短期大学）	第8章第1節〜第4節
松本法尊（まつもとのりたか）	（神戸大学附属幼稚園）	第5章事例2
三宅茂夫（みやけしげお）	（神戸女子大学）	第3章、第4章第1・2節、第4章コラム
森田　健（もりたけん）	（関西国際大学）	第11章
和田典子（わだのりこ）	（姫路大学）	第2章第1・2節
和田真由美（わだまゆみ）	（姫路大学）	第2章第3節

はじめに

　藤子・F・不二雄作の漫画「21エモン」では、21世紀は夢の世紀として描かれている。科学が進み、超高層住宅での家事はロボットが担い、宇宙旅行が行われ、当時将来への夢と希望を信じて疑わなかった。21世紀を迎え成熟社会となり、女性の社会参加も進み、努力次第で自己実現できる社会が到来した一方、経済格差が教育格差を生み、2016年の「ひきこもり」人口は56万人ともいわれている。

　今後、少子高齢化が進み人口減少に転じたことが引き起こすであろうさまざまな課題が予想されている。労働者不足による外国人の流入と高齢者の労働延期など多様性が増す社会で、異なった人々を排除せず皆が支え合う共生していく力が必要となる。また、地球温暖化による災害、テロ等の宗教や民族の対立からの脅威、エネルギーや社会保障の問題等、日本が破綻せず持続可能な豊かな社会を力強く切り開いていく、その当事者は、目の前の子どもたちである。

　『人生100年』時代といわれ、100年生きるだろう子どもたちの人間形成の基礎である幼児期に、しっかり確実に心を込めて丁寧に対応される心地よさを味わい、他者から自分の存在を肯定的に受容されることで、子どもは自身を肯定的に受け入れることができる。自我が育ち仲間とのつながりが深まる中で自己主張をぶつけ合う葛藤経験、話し合いを繰り返し互いに折り合いをつける経験、仲間の一員として役割を分担し協同して粘り強く取り組む経験など、他者と思いや考えを出し合いながら挑戦する勇気と、協力してやり遂げ、達成感を味わうこと経験は、自信や自己肯定感を育むとともに、答えのない問題に力強く向かっていく力を養っていく。

　子どもたちは、ぶつかり合いや葛藤を繰り返すことで、メンタルが強くきめ細かくなっていく。私たちは、そんな時も明るい希望とこうありたいと願うビジョンを共有し、援助ができる資質が必要である。

　将来子どもたちが、明るくタフに人生を謳歌できるために、われわれ保育者が存在する。それはなんと希望に満ちた尊い仕事であろうか。

　現場の先生方、保育を学ぶ学生の皆さん、育児中の保護者の皆さんにわかりやすいよう、できるだけ現場の問題や実際の事例を交え、さらにそれを裏づける資料を盛り込むことを心がけた。それぞれの立場で、園内研修や授業、育児等での保育力の一助になれば幸いです。

　最後に本書の出版に際し、辛抱強くご支援いただきました株式会社みらいの米山拓矢氏ならびに小川眞貴子氏に心より感謝申し上げます。

2018年1月

編者　濱名　浩

● 目　次 ●

はじめに

第1章　未来の社会を生きる子どもたちに求められる幼児教育と「人間関係」

第1節●幼児を取り巻く現代的課題……………………………………………10
1 ── 少子高齢化・グローバル化で変わる社会　／10
2 ── 人工知能（AI）等の進展で　／10
3 ── 環境のリスク　／11
4 ── 育児のリスク－少子化での親子の実態－　／12
5 ── 未来を生き抜く社会の担い手の育ち　／15

第2節●21世紀型の教育……………………………………………………………17
1 ── 幼児教育で育む資質と能力　／17
2 ── 幼児期の終わりまでに育ってほしい10の姿　／19

第3節●領域「人間関係」のねらいと内容及び配慮事項…………………22
1 ── 乳児・3歳未満児の養護と教育　／22
2 ── 乳児保育にかかわるねらい及び内容　／23
3 ── 1歳以上3歳未満児の領域「人間関係」のねらいと内容　／25
4 ── 3歳以上児の領域「人間関係」のねらい　／29
5 ── 3歳以上児の領域「人間関係」の内容　／30
6 ── 資質・能力を育むための人間関係の新たな視点　／37

コラム：マシュマロテスト　／39

第2章　子どもの人間関係をめぐる課題と将来像

第1節●少子高齢社会における子どもの行方…………………………………40
1 ── 少子高齢社会とは　／40
2 ── 少子高齢社会が引き起こす問題　／41
3 ── 求められる保育サービスの向上　／42
4 ── 少子化が加速していくなかで子どもに求められる姿　／43

第2節●多様化する家族形態が抱える諸問題と子育て支援……………43
1 ── 家族形態の多様化　／43
2 ── 多様化する家族形態が抱える諸問題と支援法　／45

第3節 ● 社会の変化にともなうこれからの子どもの育ち……………47
 1 ── 指針・要領等の改定の背景　／47
 2 ── 将来の子ども象　／48

コラム：少子化と保護者に寄り添う子育て支援　／50

第3章　子どもの人間関係①－おおむね0歳から3歳未満－

第1節 ● 愛着と信頼関係の形成……………………………………………51
 1 ── 特別な関係である母子関係　／51

第2節 ● 人間関係の発達と情緒の安定…………………………………59
 1 ── 情緒の発達と人間関係　／59
 2 ── 受容されているという安心感　／60
 3 ── 居場所づくりと帰属意識　／61

第3節 ● 自我の発達　－自己主張と自己抑制－………………………62
 1 ── 自我の発達における自己感　／62
 2 ── 自己調整　／67

コラム：子どものウソ　／73

第4章　子どもの人間関係②－おおむね3歳以上－

第1節 ● 他者への意識と協同での生活や活動、自律の芽生え…………74
 1 ── 他者意識の形成　／74
 2 ── 協同生活や活動　／76

第2節 ● いざこざやトラブルから培われる精神的回復力………………78
 1 ── いざこざやトラブルの意味　／78
 2 ── 自律の芽生えを育む　／80
 3 ── 精神的な弾力や回復力を培う　／81

第3節 ● 道徳性と規範意識の芽生えとモラル意識の狭間………………82
 1 ── モラル欠如の時代　／82
 2 ── おとなと子どもの葛藤とモラル意識　／83
 3 ── コミュニケーションとモラル意識　／84
 4 ── 他者の側に視点をおいた人間関係へ　／85

コラム：きまりが遊びや生活を楽しくする　／87

第5章　遊びと人間関係の発達

第1節●遊びの重要性……………………………………………88
　　1 ── 子どもにとっての遊びは重要な学習　／88
　　2 ── 遊びの分類と発達　／89
第2節●遊びのなかで育まれる人間関係………………………90
　　1 ── さまざまな感情の交流による人間関係の広がりと深まり　／90
　　2 ── 自発性の発揮から協力へ　／92
　　3 ── 協同して遊ぶようになるために　／94
第3節●子どもにとっての遊びの意味を見取る………………96
　　コラム：ドキュメンテーションとポートフォリオ　／99

第6章　保育者に求められるもの

第1節●「育ての心」と「共に育ち育て合う心」……………100
　　1 ── 根底となる「育ての心」　／100
　　2 ── 専門家の自覚　／101
　　3 ── 共に育ち合うシステムづくり　／102
第2節●専門性としての実践的思考とカリキュラムづくり……103
　　1 ──「いま・これから・これまで」をとらえる　／103
　　2 ── カリキュラム・マネジメント　／104
第3節●人間関係を育てる実践の原理…………………………105
　　1 ── かかわりの場の生成と援助　／105
　　2 ── 情緒的に安定できる場と絆（きずな）　／106
　　3 ── 仲間とかかわる場をつくる援助　／107
　　4 ── 異質な経験をしている子とかかわる機会　／109
　　5 ── 地域社会とかかわる暮らしづくり　／110
　　コラム：シャボン玉遊びにみる保育者の援助　／112

第7章　保育者に求められる援助の視点①－自立に向けて－

第1節●年齢別にみる援助の視点 ……………………………………113
  1 ── 乳児保育（0歳児クラス）の考え方と援助のポイント　/114
  2 ── 1～2歳児（1歳児クラス）への援助のポイント　/117
  3 ── 2～3歳児（2歳児クラス）への援助のポイント　/117
  4 ── 3～4歳児（3歳児クラス）への援助のポイント　/118
  5 ── 4～5歳児（4歳児クラス）への援助のポイント　/119
  6 ── 5～6歳児（5歳児クラス）への援助のポイント　/120

第2節●自分でできることは自分でする ……………………………121
  1 ── 身辺自立（食事・排泄・着脱・自分のものの始末）　/121
  2 ── みんなとの生活のなかで　/124

第3節●遊びを楽しむ ……………………………………………………124
  1 ── 遊びの本質である自発性の意味するところ　/124
  2 ── モノにかかわるプロセスを含んだ"一人遊び"　/126

第4節●保育者、友だちと共に過ごすことの喜び ……………………128
  1 ── 一緒にいることの"心地よさ"　/128
  2 ── 共振的関係の構築　/129

第5節●遊びや活動をやり遂げる ………………………………………131
  1 ──「合意の形成」ということ　/131
  2 ── 人とかかわる基盤を築くために　/132

コラム：キレイごとの"仲よし"は、もうやめよう　/135

第8章　保育者に求められる援助の視点②－協同に向けて－

第1節●友だちと共感する　－協同に向けての第一歩－ ……………136
  1 ── 大好きな友だちとは共感をもちやすい　/136
  2 ── 友だちとの共感を深めるための保育者の援助　/137

第2節●伝え合いと相手の思いへの気づき ……………………………138
  1 ── 互いの主張がぶつかりあうとき　/138
  2 ── 互いが主張し、相手の思いに気づくための保育者の援助　/139

第3節●友だち同士をつなぐ ……………………………………………140
  1 ── つなぐことで生まれる共感　/140
  2 ── 友だち同士をつなぐための保育者の援助　/141

第4節●友だちへのあこがれと認め合い ………………………………142
  1 ── 共感が「集団」を育てる　/142
  2 ── 友だちへのあこがれと認め合いを育むための保育者の援助　/142

第5節●必要とし合う友だち関係 …………………………………………………143
　　1 —— 遊びを通じてお互いを認め合う　/143
　　2 —— 友だちと結びつくさまざまなパターン　/144
第6節●協同する経験 ……………………………………………………………145
　　1 —— 協力することでできる遊びを経験する　/145
　　2 —— 環境の設定とタイミングのとり方　/147
第7節●集団生活での道徳性・規範意識の芽生え ……………………………147
　　1 —— 集団とルールにおける葛藤と規範意識　/147
　　2 —— 規範意識の芽生えを養うためには　/148
第8節●地域の人々とのかかわり ………………………………………………149
　　1 —— ふれあいが地域の教育力の再生につながる　/149
　　2 —— より豊かな人間関係を築くために求められる保育者の援助　/150

第9章　人間関係を結ぶ保育

第1節●遊びでつなぐ友だちづくり　−三項関係− ……………………………153
　　1 —— モノを仲立ちとして関係をつくる　/153
　　2 —— 想像から創造への遊び　/154
第2節●役割分担から得られる貢献意識を育む ………………………………155
　　1 —— 遊びのなかで役割分担をし、役割を果たす　/155
　　2 —— クラス集団のなかで役割分担をし、役割を果たす　/156
　　3 —— 役割を果たすなかで生まれる貢献意識　/157
第3節●友だちのよさに気づく保育と支持的風土 ……………………………157
　　1 —— 友だちのよさに気づかせる保育者のかかわり　/157
第4節●目的意識と体験の関連づけによる遊びと活動の深まり ……………158
　　1 —— 目的意識をもつ　/158
　　2 —— 体験がイメージを広げ、遊びや活動がひろがる　/159
　　3 —— 「ぶつかり」を学びにしていくかかわりを　/160
第5節●協同性を育む ……………………………………………………………163
　　1 —— 友だちと一緒に遊ぶということ　/163
　　2 —— 一人ひとりの子どもを支え集団に広げる　/163
　　3 —— 協同的な活動から協同性へ　/164
第6節●非認知能力 ………………………………………………………………165
　　1 —— 非認知能力とは　/165
　　2 —— 非認知能力を高める保育者のかかわり　/166

第 7 節●協同的体験と小学校への接続 ………………………………… 168
 1 ── 協同的体験の保幼小間のつながり　/168
 2 ── 生かし合う姿の発達的変化　/169
 3 ── 小学生との交流と接続　/169

コラム：「仲よく」することと「けんかをしない」こと　/171

第10章　保育場面での気になる子どもへのかかわり

第 1 節●気になる子どもとは …………………………………………… 172
 1 ── 気になる子どもの現状　/172
 2 ── 保育場面における気になる子どもとは　/173
第 2 節●活動に集中することが難しい子・友だちにちょっかいを
   出してしまう子 ………………………………………………… 173
第 3 節●引っ込み思案な子 ……………………………………………… 175
第 4 節●保育者を独占したい子 ………………………………………… 176
第 5 節●気になる子どものアセスメントとかかわり ………………… 177
 1 ── 子どもの気になる行動についての情報を整理する　/177
 2 ── 保育者のかかわり・保育の内容を検討する　/177
 3 ── 子どもを育てる保育ではなく、子どもの成長を支える保育を行う　/178
第 6 節●インクルーシブ教育システム …………………………………… 178
 1 ── インクルーシブ教育にかかわる教育施設　/178
 2 ── インクルーシブ教育システムとは　/179

コラム：特別なニーズをもつのはすべての子どもたち　/181

第11章　親の思いと家庭とのかかわり－子育て支援の視点から－

第 1 節●親は保育者に何を求めているか ……………………………… 182
 1 ── 現代の親事情と保育者の役割　/182
 2 ── 親から保育者への要望調査からの考察　/186
第 2 節●親とのコミュニケーションと信頼関係 ……………………… 188
 1 ── 子育ての悩みの実態　/188
第 3 節●気になる親への対応 …………………………………………… 191
 1 ── 親からの要望あれこれ　/191
 2 ── 児童虐待やいじめへの対応とひきこもりの現状　/193

コラム：子育て支援の「あいうえお」と「月火水木金土日」とは？　/197

索引　/198

第 1 章　未来の社会を生きる子どもたちに求められる幼児教育と「人間関係」

◆キーポイント◆

　少子化、待機児問題、教育費問題など注目を集めている子どもの問題は、経済問題だけでなく、日本の将来を左右する大問題である。未来の社会の担い手である子どもたちを、この乳幼児期にいかに安定し、賢く人間性が豊かに育てていくかどうかは、私たちにかかっている。それは重大な使命である。
　予測不可能な未来を生きていく子どもたちに、今どのような力を身につけ充実した育ちを援助すべきか、現代の課題と対応すべき力を整理する。

第1節　幼児を取り巻く現代的課題

1　少子高齢化・グローバル化で変わる社会

　少子高齢化は加速的に進んでいくと予想されている。高齢者の比率が増え子どもは減少し、労働力人口も激減するとされている。日本の生産年齢人口の減少は、外国人労働者との協働をもたらす。現在でも大企業の約3分の1が外国人留学生を採用しているようであるが、今後外国人労働者が増え、政治・経済的にも、かつてないグローバル社会が待ち受けている。

2　人工知能（AI）等の進展で

　GoogleやFacebook、IBMなどの大手IT企業が、人工知能（AI）開発に力を注いでいるが、近い将来には、人工知能がさまざまな判断を行うようになり、社会や生活は大きく変わると予測されている。パソコンやスマートフォン（以下、スマホという）などの情報通信機器はもちろん、すべての機器がネット化し、生活やビジネスがインターネットなしでは成り立たなくなる。
　計算や歴史等の記憶は手元のスマホで簡単に解決でき、ゲーム等の余暇や財布までがスマホという、スマホ依存生活になっている。一方で、スマホがどのような構造でどう機能しているか、ほとんどの者はまったくわからない。

第1章●未来の社会を生きる子どもたちに求められる幼児教育と「人間関係」

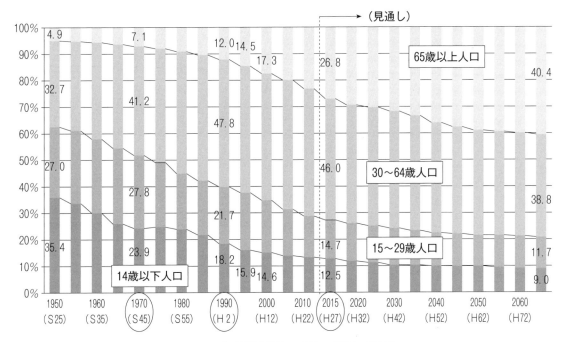

図1-1　年齢区分別人口割合の推移・見通し

注：年齢別人口には年齢不詳の人口を含めていない。
出典：総務省「国勢調査」及び「人口推計」、国立社会保障・人口問題研究所「日本の将来推計人口（平成24年1月推計）：出生中位・死亡中位推計」（各年10月1日現在人口）、厚生労働省「人口動態統計」

下手をすると、スマホに何もかも頼りかねない。自らが考え、目当てをもって取り組むことができない、スマホ依存人になるリスクがある。

3 ── 環境のリスク

　20世紀以来さまざまな産業が発展しつづけ、世界的な人口過剰、過剰消費、化石燃料による気候の変化、地球温暖化、経済成長への競争で資源の減少、環境破壊など、地球レベルで持続不可能な状況に陥ろうとしている。異常気象、データ盗難・詐欺、民族の対立等のリスクは、一人の力や一国の力ではとても対応できない課題で、これからは世界が緊密につながり、他国のことが瞬時に日本にも大きな影響をもたらすこととなる。自分だけという狭い考えでは行きづまるリスクがある。

4 ── 育児のリスク－少子化での親子の実態－

(1) 少子化と母親の置かれた状況

　最も身近で基本的な親子関係や育児環境が、ここ10年で激変した。それはかつて類を見ないほどの急変ぶりといってよい。初産の平均年齢は2011（平成23）年より30代となり、経済的事情などからひとりっ子が半数余りを占めるようになった。

　家庭での子どもの育ちや親の育児の意識も大きく変わった。核家族化により身近に子育てについて相談できる家族がおらず、スマホなどから育児情報を入手する比重が大きくなった。しかし、インターネット上のあふれる情報のなかには、親の不安につけ込んだり、子どもの発達を無視した民間療法や早期教育の効果をうたう偽情報も入り乱れ、親に不安と混乱を引き起こしている。

　また、親同士のつきあい方も変化した。スマホを介してのメールやLINE等のSNSの活用で、言葉や顔を交わさずともつながり、会わない時間にも書き込みの返信などで振り回されている。

　自身が育つ過程でイジメなどの体験を受けた親もおり、他者に対し神経過敏になりママ友と関係をつくることが苦手な者もいる。今の子育て親子は孤立ししんどいものといえる。

表1-1　子育てをしていて、よかったと思うこと（複数回答）

	家庭が明るくなる	身近な人が子供と接して喜ぶ	生活にはりあいができる	子育てを通じて友人が増える	子育てを通じて自分の視野が広がる	子育てを通じて自分も精神的に成長する	夫婦の愛情がより深まる	その他	良いと思うことは特にない	わからない
日本 (754人)	1 72.9	25.1	3 52.8	5 30.2	3 52.8	2 62.7	27.9	0.3	0.1	3.8
フランス (715人)	1 67.3	24.6	2 58.6	11.2	4 40.8	3 50.1	5 28.1	0.3	4.3	0.8
スウェーデン (700人)	2 72.6	5 52.6	3 59.3	29.1	4 53.7	1 79.9	37.4	1.1	0.3	3.0
イギリス (729人)	1 73.9	20.6	2 53.9	21.5	5 34.4	3 43.8	4 39.1	0.4	3.4	3.7

出典：内閣府『平成28年版少子化社会対策白書』
※お子さんがいない方は、仮に自分が子育てをする場合を想定して回答

第1章●未来の社会を生きる子どもたちに求められる幼児教育と「人間関係」

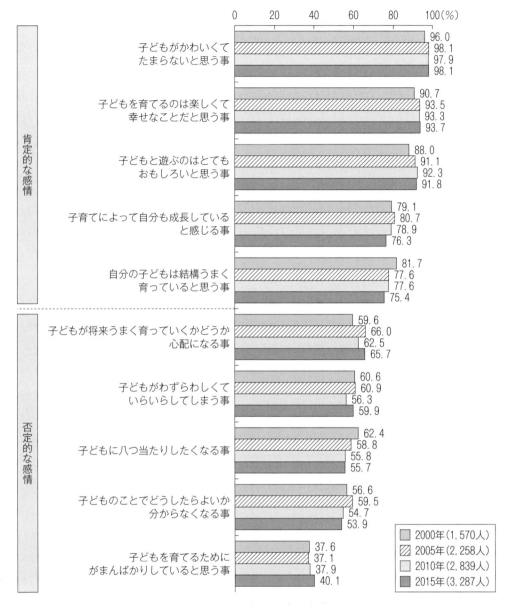

図1－2　母親の子育て意識

注：調査対象は、首都圏（東京都、埼玉県、千葉県、神奈川県）の0歳〜6歳の乳幼児を持つ保護者、そのうち1歳6カ月〜6歳児の母親の回答を集計。調査時期は、2000年2月、2005年3月、2010年3月、2015年2〜3月、郵送による自記式アンケート調査。「よくある」「ときどきある」の回答を集計。

資料：ベネッセ教育総合研究所「第5回幼児の生活アンケート（速報版）」2015
出典：愛育研究所『日本子ども資料年鑑　2017』KTC中央出版　2017年　p.76

(2) IT依存の子育ての危機

　この10年で園生活において保護者の姿がどのように変容しているのか、実例からひも解いてみる。

事例1　スマホ依存の母親

　幼稚園の降園時、他の保護者と会話しながら子どもを待つのがかつての姿であったが、今やスマホの画面を見ながら一人で待つ母親も多くなっている。保育参観中でも、連絡が入るとスマホを片手に保育室から出ていき、子どもよりも仕事や用事を優先する姿も見かける。

　園の参観という公の場であってもそれが普通に行われるなら、家庭ではなおさらである。スマホがないと子どもと向き合うことが苦痛という保護者もいると聞く。家庭の食卓は団らんの場であってほしいが、母親は子どもの食事に温かいまなざしを向けることなく、子どもの横で会話も上の空でスマホをいじっている光景が想像に難くない。

　スマホを見ながら授乳する、乳児が遊んでいる時にも始終スマホを見ているなど、誕生から乳幼児、幼児期にかけてソーシャルリファレンシングといわれる子どもが親に求める眼差しに対しても、親の目はスマホに向いている。

事例2　鬼のアプリ

　子どもが悪いことをしたときには、祖父母の時代は親が真剣に叱っていた。しかし、近年は「鬼のアプリ」なるものが登場し、開くと鬼の画面が現れ、「悪い子は誰だ〜」と子どもを脅すのである。その恐怖によるしつけの効き目は絶大であるが、親の価値観を伝えることにはなっていない。節分の時に鬼が登場すると、子どもが恐れおののき逃げ回る姿は見るほうもつらい。

※1　ソーシャルリファレンス
ロバート・エムディ（1985年）が用いた「人間が社会的なルールを守って生きていくための、あるいは人間が社会的存在として生きていくために基盤となる高度で重要な感情と感性」。幼い子どもが初めて経験する事柄に接し、戸惑いや不安を感じた時、自分を見守る人からどう対処すればよいかを示唆してもらったり、抱いた感情に共感してもらうため、必ず傍にいる人を求めて振り返る行為。

　これらの状況の親子関係の変化が今後の子どもの育ちにどう影響するのか。乳幼児期は母親（園では保育者）との愛着形成が大切な時期である。この点について脳科学の研究が発展し、さまざまなことが解明されてきた。

　母親のスマホへの依存による乳児への眼差し不足が、乳幼児期の母と子の愛着の形成や、脳の発達にも深く影を落としている。乳児が不安や不快の状況を泣いて知らせても、母親がスマホに夢中で適切な対応をしてもらえないと脳幹の発達は順調に進まず、感情の機能は調整できなくなるといわれている。さらに感情面を司る扁桃体が興奮しすぎて不安感だけが発達するため、前頭葉の感情を抑制する機能に支障が生じることが示唆されている。つまりその後の脳の発達にも深く関与して、キレる子どもへと成長する可能性があることが示唆されている。

　お母さんなど大切な大人から見守られる感覚（ソーシャルリファレンス[※1]）

が、自分が大切にされているという自己肯定感や自尊感情を育てる。ハイハイの頃から振り返っても、期待していた母親の視線がないという経験を繰り返すと、親に期待せずコミュニケーション意欲も生じず、見捨てられた寂しい不安な感覚ばかりが残り、自尊感情や自己肯定感が欠落したおとなになっていく。

5 ── 未来を生き抜く社会の担い手の育ち

　このような複雑な現状の未来を生きるのは、目の前の子どもたちである。グローバルな視野で社会の方向性を決め、社会を発展させ、あらゆる面での革新を生み出していく人なのである。リスクを乗り越え、持続可能な社会へと導く、さまざまな人と協働でき、なによりも幸せな人生を送ることのできる、安定した人間性豊かな人の基礎の育成こそが、保育者の使命である。

　阪神・淡路大震災、東日本大震災と未曾有府の被害を受けた時に知恵と努力と協働で乗り越えてきたように、人は感性を豊かに働かせながら、複雑な未来の社会や人生をよりよいものに築き上げていけるよう自ら考え行動することができる。

　答えのない課題に対して、目的に応じた納得いく解、アンサー（答え）ではないソルビング（解決）を見いだす力が必要なのである。それには答えが定まった問題を効率的に解く、決まった手続を効率的にこなすのではなく、主体的に学び続けて自ら能力を引き出し、多様な他者と協働し、新たな価値を生み出す「生きる力」を身につけることが重要なのである。

　おとなが未知の問題に出会うと不安になるが、子どもは毎日が未知で予測できない生活を、わくわくしながら送っている。自分で考えた遊びに友だちと夢中になり、試行錯誤しながら、それぞれ助け合いやり遂げる。質の高い保育は、未来の生き方そのものといえるであろう。

　子どもたちが好奇心を持ち感性を働かせて、より豊かに遊び、生活を送ることは、新しい未来の姿を構想し実現していくことができる21世紀型教育・保育といえるのである。

未来を生きる子どもたちを育てる

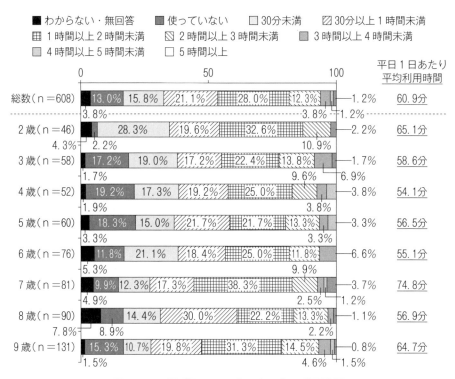

図1-3 子どものインターネットの利用時間

注1:「利用機器の合計」については、子供がいずれかの機器(15機器)でインターネットを利用していると回答した保護者をベースに集計。なお、0歳(n=3)及び1歳(n=11)は回答数が少ないため図示しない。
注2:平均利用時間は、「使っていない」は0分とし、「わからない・無回答」を除いて平均値を算出。
注3:「利用機器の合計」の利用時間は、回答者が利用している各機器の利用時間を合算したもの。
出典:内閣府「低年齢層の子供のインターネット利用環境実態調査調査結果(概要)」平成29年5月

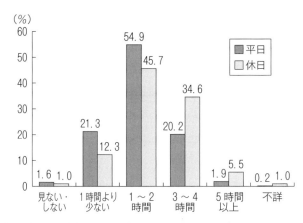

図1-4 幼児(2~6歳)のテレビやゲーム機等のメディア接触時間(1日平均)(平成27年度)

注:調査対象は、Ⅸ-1-1図(注)に同じ。1日に平均でテレビやビデオを見る時間、ゲーム機やタブレット等を使用する時間。2~6歳児の保護者2,623人が回答。
資料:厚生労働省雇用均等・児童家庭局母子保健課「平成27年度乳幼児栄養調査結果の概要」2016年
出典:愛育研究所『日本子ども資料年鑑 2017』KTC中央出版社 2017年 p.308

第2節 ● 21世紀型の教育

1 ── 幼児教育で育む資質と能力

　20世紀の学校教育は、個人レベルで系統的な知識の集約が大切にされた。しかし、今後は知識偏重型の学力だけでは、未来にも世界的にも通用しなくなる。今回の学校教育の改革の発端はそこにある。

　世界でも21世紀型の新たな能力の育成について改革が取り組まれている。経済の発展と安定はその国の教育力にあるとして経済の安定を図るために、世界の学力テスト（PISAテスト）を行って教育問題の提言を行っている経済協力開発機構（OECD）という組織がある。そのOECDが今後の「主要能力（キーコンピテンシー）」を「不確かな未来のために、知識をただ知っているだけでなく、持っている知識を活用して的確にあてはめ活用できるようになる能力の育成」であると定義づけた。

　日本では「生きる力」といわれてきたが、2017（平成29）年の幼稚園教育要領、保育所保育指針、幼保連携型認定こども園教育・保育要領の改訂（改定）では、「現在」ではなく20年後、30年後、50年後の未来を見据えての「生きる力」、つまり子どもたちが情報化やグローバル化など急激な社会的変化の中でも未来のつくり手となるために、就学前教育から高等学校までを一貫した「資質・能力」を育成していくことが重要であるとされた。

　また、知識や技能の習得だけではなく、それをもとに「自分で考え、表現し、判断し、実際の社会で役立てる」ことを重要視している。

　幼児教育において育成すべき資質・能力は以下の３点である。

- 知識及び技能の基礎
- 思考力、判断力、表現力等の基礎
- 学びに向かう力、人間性等

　この資質・能力の三つの柱は、小学校、中学校、高等学校と学校教育で身につけておくべき力という一貫した観点である。

　学校教育の始まりの幼稚園、保育所、幼保連携型認定こども園では、子どもの発達の特性に応じ、自発的な活動である遊びを中心とした幼児にふさわしい生活の中で、一人ひとりの子どもが自分のよさや可能性を自ら認識できることが重要である。そして、将来あらゆる他者を価値のある存在として尊重し、多様な人々と協働できるよう、またさまざまな社会的変化を乗り越え、

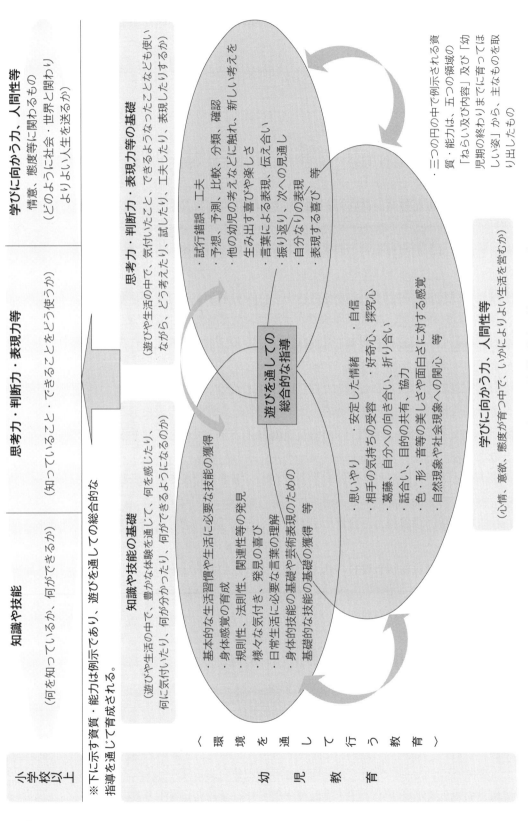

図1−5 幼児教育において育みたい資質・能力の整理イメージ

出典：文部科学省「幼児教育部会における取りまとめ（案）」平成28年7月

豊かな人生を切りひらき、持続可能な社会のつくり手となれるような生きる力の基礎を培うことが求められる。

この資質・能力の三つの柱を幼児教育の特質を踏まえ、より具体化した姿で表すと、以下のようになる。

> （1）豊かな体験を通じて、感じたり、気付いたり、分かったり、できるようになったりする「知識及び技能の基礎」
> （2）気付いたことや、できるようになったことなどを使い、考えたり、試したり、工夫したり、表現したりする「思考力、判断力、表現力等の基礎」
> （3）心情、意欲、態度が育つ中で、よりよい生活を営もうとする「学びに向かう力、人間性等」

この資質・能力は、幼稚園教育要領、保育所保育指針、幼保連携型認定こども園教育・保育要領の5領域の枠で育んでいく。この育みたい資質・能力は、個別に取り出して身につけさせるものではなく、遊びを通して総合的な指導を行うなかで、一体的に育んでいくことが重要とされている。

2 ── 幼児期の終わりまでに育ってほしい10の姿

「幼児期の終わりまでに育ってほしい姿」は、幼児期にふさわしい遊びや生活のなかで、就学前教育で育みたい資質・能力の育まれている具体的な姿であり、5歳児後半に見られるようになる姿が示されている。幼児教育と小学校教育の双方で育みたい「資質・能力」として一貫させ、小学校教育とつなげ、円滑な接続を行うため、将来を見据えた時に大切な幼児期の育ちとして「幼児期の終わりまでに育ってほしい姿」が明確化された。

小学1年生はゼロからスタートするわけではなく、幼児教育で身につけた学びを生かしながら教科等の学びにつなぎ、子どもたちの資質・能力を一層伸ばしていくのが小学校教育の目標となる。小学校教諭にも理解できる「幼児期の終わりまでに育ってほしい姿」で子どもの情報を共有し、小学校の接続がスムーズに行われ円滑な接続教育を図ることができるのである。

以下にそれぞれの具体的な姿について述べる。

① **健康な心と体**

自ら判断して、自分の健康や運動について、何をしようか、どう進めようかと考え、実際に取り組む中で充実感を感じて生活をつくり出すようになる。

② **自立心**

自分でやりたいことを決め、同時に園のルールとの折り合いをつけながら、あきらめず工夫してやり遂げ、自信と満足感を得て行動するようになる。

③ 協同性

相手に思いやりを抱き、その子どものために行動し、さらにみんなの守るルールを思い出し、自分と相手の折り合いをつけてやり遂げるようになる。

④ 道徳性・規範意識の芽生え

相手に思いやりを抱き、その子どものために行動し、さらにみんなの守るルールを思い出し、自分の気持ちを調整し自分と相手の折り合いをつけ、きまりをつくったり、守ったりするようになる。

⑤ 社会生活との関わり

園の外に暮らす家族や地域のさまざまな人たちと触れ合い、親しみを感じて、遊びや生活に必要な情報を取り入れ役立て、地域の生活の理解をして社会とのつながりを意識するようになる。

⑥ 思考力の芽生え

ものには性質や仕組みがあり、それによりものが動くことについて考え、また友だちと対話して、新たなことに気づき、自分の考えを判断し、考え直したりし、考えをよりよいものにするようになる。

⑦ 自然との関わり・生命尊重

自然に触れてその特徴に気づき、それに寄り添い、愛情や畏敬の念をもつ。

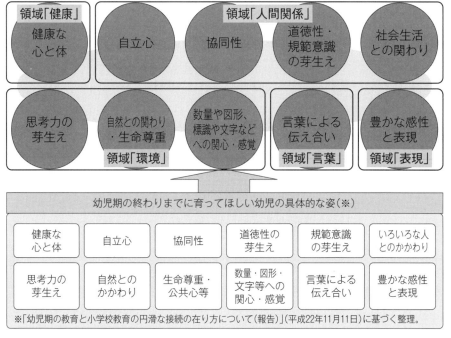

図1-6　幼児期の終わりまでに育ってほしい姿(10の姿)と5領域のつながりのイメージ
出典：文部科学省「幼児教育部会における取りまとめ（案）」平成28年5月を一部改変

第1章 未来の社会を生きる子どもたちに求められる幼児教育と「人間関係」

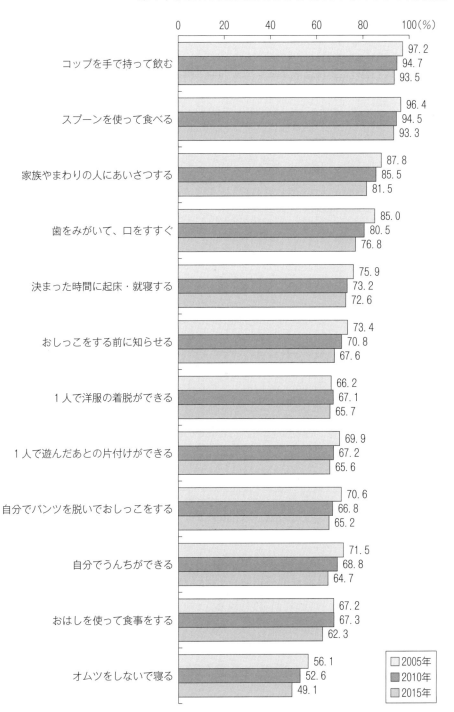

図1－7　幼児の生活習慣等の発達状況（1人でできること）（平成17・22・27年）
注：調査対象は、首都圏（東京都・神奈川県・千葉県・埼玉県）の1歳6カ月〜6歳就学前の乳幼児をもつ保護者（2005年2,297人、2010年2,918人、2015年3,466人）。調査時期は2005年3月、2010年3月、2015年2〜3月、郵送法。「できる」と回答した者の割合。
資料：ベネッセ教育総合研究所「第5回幼児の生活アンケート（速報版）」2015
出典：愛育研究所『日本子ども資料年鑑　2017』KTC中央出版　2017年　p.92

とりわけ命あるものを大事にしようとする気持ちをもってかかわるようになる。

⑧ 数量や図形、標識や文字などへの関心・感覚

数量、図形や文字など、環境や活動の中で出てくることについて、その働きに関心をもち、活用し興味や関心、感覚をもつようになる。

⑨ 言葉による伝え合い

言葉を使った絵本など、文化財や活動を楽しみ、言葉で表現することに関心をもち、他の子ども・おとなと言葉で伝え合いを楽しむようになる。

⑩ 豊かな感性と表現

身のまわりにあるさまざまなものに心を動かされ、感じ、考えたことなどを音や造形や身体などで表し、その表現を味わい、楽しんで意欲をもつようになる。

「幼児期の終わりまでに育ってほしい10の姿」の特徴は、すべての語尾が「○○のようになる」とあることである。この「なる」は、5歳児の後半になると多くの子どもたちに共通に見られるようになる姿であって、5歳になって急に育てるべきものではない。これらの姿は達成すべき到達目標ではなく、保育者はこの視点で子どもの活動を見て、育ちの方向性について気づきが得られるような、個人の評価ではなく、指導を行う際の視点・観点として用いる指標である。

この姿は5歳児に突然見られるようになるものではなく、3歳児から子どもが発達していく方向を意識して、それぞれの時期にそれぞれの子どもにふさわしい指導を積み重ねていくことが求められる。

第3節 ● 領域「人間関係」のねらいと内容及び配慮事項

1 ── 乳児・3歳未満児の養護と教育

保育所等に在籍する0歳から3歳未満児の子どもは「3号認定児」と呼ばれ、保育標準時間は11時間である。夜の就寝時間を除くと、家庭で過ごす時間よりも保育施設で過ごす時間のほうが圧倒的に長い。それゆえ、この時期に形成するべき母親や保育者や大切なおとなとの「愛着の形成」について慎重に対応しなければならない。特に長時間保育を託された子どもの養護は大

変重要で、家庭に取って代われない部分も大きいが、未満児保育における養護の本質を十二分に理解しておかねばならない。

保育における「養護」とは子どもの生命の保持及び情緒の安定を図るために保育者が行う援助やかかわりであり、「教育」とは子どもが健やかに成長し、その活動がより豊かに展開されるための発達の援助である。

実際の保育では、養護と教育が一体となって展開されることに留意する必要がある。その重要性を踏まえ、乳児・3歳未満児の保育所保育指針、幼保連携型認定こども園教育・保育要領の改定（改訂）を通して人とのかかわりの育ちを考える。

2 ── 乳児保育にかかわるねらい及び内容

2017（平成29）年の保育所保育指針等の改定によって、年齢区分は、0歳児（乳児）、1～2歳児、3～5歳児の3つに分けられた。0歳児は発達が未分化な状況にあるためである。さらに、0歳児は、5領域ではなく、「3つの視点」からねらいおよび内容が定められた。

0歳児保育では、乳児一人ひとりが主体として保育者から受け止められ、その欲求が受容される経験を積み重ねることによって育まれる保育者との信頼関係を基盤に、世界を広げ、言葉を獲得し始めることから、保育者の愛情に満ちた応答的なかかわりが大切である。このかかわりを通じて、情緒的な絆・愛着が形成される。以下、保育所保育指針を中心に解説する。

(1) 社会的発達に関する視点「身近な人と気持ちが通じ合う」

乳児は、表情や体の動き、泣き、喃語などで自分の欲求を表現し、これを敏感に察知し応えてくれる特定のおとなとの間に情緒的な絆・愛着が形成され、人に対する基本的信頼感を育んでいく。6か月頃には、あやしてもらうなど、愛情をこめて受容的にかかわってくれるおとなとのやり取りを楽しむ中で、愛着関係がより強まり、反対に愛着関係のないおとなに、人見知りをするようになる。9か月頃になると、身近なおとなに自分の意思や欲求を指さしや身振りで伝えようとするコミュニケーションが芽生えてくる。

乳児の愛着の育ちは、まさしく人が育ちゆく基礎・核となるべきものである。特に手厚い養護、特定の保育者との愛情が必要不可欠である。保育所保育指針に「身近な人と気持ちが通じ合う」と示されているように、保育者は「応答的」かつ「受容的」にかかわっていかなければならない。

乳児が快・不快など何かを伝えようとするときには、それに応答し、乳児

の気持ちを察して「気持ちいいね」「さびしかったね」「うれしいね」など受容的に接することで、さらに何かを伝えようとする意欲が伸びていく。

こうした相互作用により保育者と乳児の間に深い愛着関係が築かれ、それを基盤に他の子どもへと関心を抱き、かかわる世界をしだいに広げていく。

(2) 社会的発達に関する視点「身近な人と気持ちが通じ合う」のねらい

> ① 安心できる関係の下で、身近な人と共に過ごす喜びを感じる。
> ② 体の動きや表情、発声等により、保育士等と気持ちを通わせようとする。
> ③ 身近な人と親しみ、関わりを深め、愛情や信頼感が芽生える。

<u>乳児期の保育者からの受容的・応答的なかかわりを通して、喜びや特定の保育者との愛情や信頼感が芽生え、育まれていく。そこで芽生えた自己肯定感は、生涯にわたって人とのかかわりの中で生きていく力の基盤となる。</u>

(3) 社会的発達に関する視点「身近な人と気持ちが通じ合う」の内容

※1 （ ）内は、幼保連携型認定こども園教育・保育要領による記述。

> ① 子ども（園児）※1からの働きかけを踏まえた、応答的な触れ合いや言葉がけによって、欲求が満たされ、安定感をもって過ごす。

子どもの声や表情、体の動きなどから、子どもの欲求を読み取り、タイミングよく応えていくことが大切である。乳児は自分のして欲しいことが受け止められ、心地よくかなえられると安心する。欲求をかなえてくれた人に対する信頼感も育まれ、特に肌の触れ合いの温かさや心地よさを実感できるスキンシップは心の安定感を生じさせ、安心して過ごせるようになる。

> ② 体の動きや表情、発声、喃語（なん）等を優しく受け止めてもらい、保育士（保育教諭）等とのやり取りを楽しむ。

保育者は、声や動き、表情などから、子どもの気持ちを汲み取り、十分に受け止めながら、応答的にかかわることが重要である。子どものほほえみにやさしくほほえみ返したり、喃語の語りかけに表情豊かに言葉で返すなど、丁寧に子どもの心を受け止めることが、子どもにとっては心地よく、乳児の声や表情での感情表現も豊かになり、よりかかわりを求めるようにもなる。このやり取りの心地よさこそが、コミュニケーションへの意欲につながる。

> ③ 生活や遊びの中で、自分の身近な人の存在に気付き、親しみの気持ちを表す。

子どもは、あやしてもらうと喜び、声を出して笑うなど、特定の保育者と

第1章●未来の社会を生きる子どもたちに求められる幼児教育と「人間関係」

のやり取りを楽しむようになり愛着関係が強まる。このきずなをよりどころとして、徐々に周囲の他のおとなに働きかけ、次第に他の子どもに対しても関心をもつようになる。他の子ども存在を認め、表情を模倣したり、はって追うなど、互いに興味を示し、ものを介したやり取りも見られるようになる。

④ 保育士（保育教諭）等による語りかけや歌いかけ、発声や喃語等への応答を通じて、言葉の理解や発語の意欲が育つ。
⑤ 温かく、受容的な関わりを通じて、自分を肯定する気持ちが芽生える。

　乳児期から自分を肯定する気持ちは育っていく。保育者が子ども一人ひとりを尊重し、温かく、思いや欲求をありのままに受け止めるというかかわりを重ねることで、子どもの中に自己を肯定する気持ちが芽生えてくる。
　このように自分の存在を無条件に認めてもらい、心地よくしてもらえる安心な関係の中で子どもは自己を十分に肯定する気持ちを育むことができる。

3 ── 1歳以上3歳未満児の領域「人間関係」のねらいと内容

　1歳以上になると、基本的な運動機能、排泄のための身体的機能、指先の機能が発達し、食事や衣類の着脱など身のまわりのことを自分で行うようになる。また、発声の明瞭化や語彙の増加に伴い、自分の意志や欲求を言葉で表出できるようになる。保育者は子どもの生活の安定を図り

温かく見守りながら

ながら、自分でしようとする気持ちを尊重し、温かく見守るとともに、引き続き、受容的・応答的にかかわることが必要である。
　また、1・2歳児は、自我が形成され、子どもが自分の感情や気持ちに気づくようになる重要な時期である。それゆえ、情緒の安定を図りながら、子どもの自発的な活動を尊重し促していくことが大切である。
　他の人々と親しみ、自立心を育て、人とかかわる力を養うことが重要である。

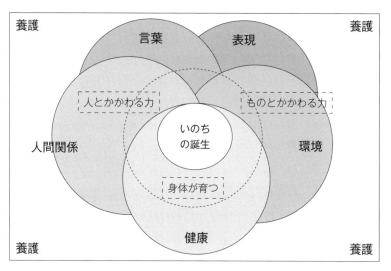

図1−8　5領域のイメージ図
出典：厚生労働省「保育所保育指針の改定に関する議論のとりまとめ」を参考に筆者作成

(1)　1歳以上3歳未満児の領域「人間関係」のねらい

① 保育所（幼保連携型認定こども園）での生活を楽しみ、身近な人と関わる心地よさを感じる。

　1〜2歳の子どもは、身近な保育者との愛着を基盤にして、次第に園の生活に慣れ、楽しく充実した生活や遊びの中で、周囲の人とのかかわりを深め、少しずつ自分の世界を拡大していく。

　保育者との生活や遊びの中で、周囲の同年代の子どもに興味を示し、自らかかわりをもとうとするようになる。こうした身近な人への意欲が、豊かな生活や遊びを支え、人とかかわり合うことの楽しさや一緒に過ごすことの喜び、安心感などを味わうことにつながる。

② 周囲の子ども（園児）等への興味や関心が高まり、関わりをもとうとする。

　子どもは保育者という安全基地のもと、同じものに興味を示した子ども同士の間にものを介したやり取りが生じたり、近くにいる子ども同士がたまたま同じ動作をするなど、それをおもしろがって互いに顔を見合わせて笑ったりする。このような意図せず生じる場面や経験を重ねる中で、子どもは周囲の子どもに対する興味や関心を高め、自分から働きかけてかかわろうとする意欲をもつようになっていく。

③ 保育所（幼保連携型認定こども園）の生活の仕方に慣れ、きまりの大切さに気付く。

第1章●未来の社会を生きる子どもたちに求められる幼児教育と「人間関係」

　子ども同士がかかわっていると双方の思いがぶつかりあうこともあり、かみつきなどのトラブルが起きるようになる。その際、保育者から自分の気持ちを温かく受け入れられ、いざこざの相手に対しやさしく援助してくれる姿を見ることで、子どもは徐々に自他の気持ちの違いに気づけるようになる。それらの経験を通して、他の人々との生活に慣れ、共に過ごしていくためのきまりがあることにも少しずつ気づけるようになる。

(2)　1歳以上3歳未満児の領域「人間関係」の内容

> ① 保育士（保育教諭）等や周囲の子ども（園児）等との安定した関係の中で、共に過ごす心地よさを感じる。

　子どもは、自分を温かく受け入れてくれる保育者と自分の居場所を確保できれば、安心感をもってやりたいことに取り組むようになる。子どもによって誰とどのように過ごすと安定するかは、同じではない。それぞれに心地よさを感じられる特定の保育者との関係性がよりどころになって、生活に親しみ、他の人へとかかわりを広げていく。

> ② 保育士（保育教諭）等の受容的・応答的な関わりの中で、欲求を適切に満たし、安定感をもって過ごす。

　子どもは、生理的欲求、知的刺激や人とのかかわりに対する欲求など、さまざまな欲求をもっている。それらが満たされることで、充実感や満足感を味わい、したいことを見つけ取り組もうとする意欲をもつようになる。子どもが興味や関心をもつことに自分なりに考えて自分の力でしてみようとする態度を育てることが大切である。
　そのために、子どもの行動や思いをありのまま認め、期待をもって見守ることや、一人ひとりの発達の違いを考慮したうえで、保育者の考えや気持ちを伝え、反応を見守る。こうした子どもと保育者との受容的・応答的なかかわりを通して、子どもは自分の考えや思いが受け止められた喜びを感じると同時に、保育者の思いに次第に気づくようになる。こうした体験を通して、自分で考えて自分でしようとする意欲やあきらめずにやり遂げようとする非認知能力が育ち、自立心に向かう気持ちの芽生えが培われる。

> ③ 身の回りに様々な人がいることに気付き、徐々に他の子ども（園児）と関わりをもって遊ぶ。

　子どもは、遊びを通して自分とは異なる思いや感情をもつ他の子どもの存

在に気づき、徐々に興味を示し子ども同士のかかわりをもつようになる。遊びの中で互いのよさなどが生かされ、一緒に遊ぶ楽しさが感じられるよう、保育者は友だちのよいところを伝え、子ども一人ひとりのよさや可能性を見いだし、その子どもらしさを損なわず、ありのままを受け入れることが大切である。

> ④ 保育士（保育教諭）等の仲立ちにより、他の子ども（園児）との関わり方を少しずつ身につける。

　１・２歳でも他者の気持ちに共感したり、相手を慰めたりする行動を示すこともあるが、本来は自分と他者の気持ちの区別はできにくい。それゆえ、他の子どもとかかわる中で、自己主張しいざこざが起きることも多くなる。
　保育者は、子ども一人ひとりが十分に自己を発揮しながら、さまざまな場面で他の子どもと多様なかかわりがもてるように配慮する。他の子どもと一緒に生活する中で、自分の思いを相手に伝えることができるようにするとともに、相手にも思いがあることに気づけるように、保育者が仲立ちすることが大切である。具体的なかかわり方を実際にしてみせたり言ってみせたりすることで、状況に応じた適切な行動や言い方があることに気づいていけるようにする。

> ⑤ 保育所（幼保連携型認定こども園）の生活の仕方に慣れ、きまりがあることや、その大切さに気付く。

　家庭環境や生活経験が異なる子どもが集団で生活をする中で、園生活の仕方に次第に慣れていく。園生活で主体的に充実感を得られるために、靴の履き分けやトイレの使い方、着脱衣等を繰り返し経験しながら、集団生活のきまりに気づけるようになる。
　子どもは遊びなどをする中で他者との間に生じる葛藤などの体験を通じて、きまりの大切さを子どもなりに感じる。保育者はきまりを伝え守らせるのではなく、まずはその子の思いを十分に受け止め、相手の思いに気づけるようにする。こうした充実した生活や遊びの中での経験を積み重ねることで、子どもが自らきまりの大切さに気づけるよう援助することが大切である。

> ⑥ 生活や遊びの中で、年長児や保育士（保育教諭）等の真似をしたり、ごっこ遊びを楽しんだりする。

　幅広い年齢の子どもが共に生活している中で、年長児や保育者の仕草や行動のまねをすることがある。たとえば、年長児とのかかわりの中で、あこが

れの気持ちを抱いて遊びのまねをしたり、自分が困っている時に助けてくれたことを他の子どもに対して同じようにまねしたりする。

この時期の子どもは年長児や保育者のまねや、ごっこ遊びを通じて生活の仕方やごっこの楽しさに気づいていく。保育者は、子どもが他の年齢の子どもを意識し、互いにかかわりを楽しめるように、ごっこ遊びに一緒に入り、楽しさを共有したり援助したりすることが大切である。

4 ── 3歳以上児の領域「人間関係」のねらい

友だちと一緒に遊ぶなかで心地よさや楽しさを感じ、関係がつくられていく。友だちと交じわり合い、理解し、支え合うなどの体験が、将来の社会的態度を身につけていく。以下、幼稚園教育要領を中心に解説する。

> ① 幼稚園（保育所の／幼保連携型認定こども園の）[※2]生活を楽しみ、自分の力で行動することの充実感を味わう。

※2 （ ）内は、保育所保育指針／幼保連携型認定こども園教育・保育要領による記述。

人とかかわる力の基礎は、自分が周りの人々に温かく見守られている安心感から発生する信頼で、その信頼を頼りに自分自身の生活を確立していく。

園では保育者との信頼関係を築くことがなにより大切で、それを基盤としながら、園生活では自分の力で行う充実感や満足感、やり遂げる達成感、自分の力で行動する主体性を発揮する喜びを味わい、自立的な生活態度が養われ、自立心が育つようになる。

> ② 身近な人と親しみ、関わりを深め、工夫したり、協力したりして一緒に活動する楽しさを味わい、愛情や信頼感をもつ。

同年代の子どもとかかわる経験がほとんどなく家族としか接してない子どももいるなかで、子ども自らが身近な人に親しみをもち、かかわっていく気持ちや過程が大変重要である。

保育者や他の子どもとかかわり触れ合っていくなかで、自分の感情や意志を自覚することやそれを表現することに気づき、共に活動する楽しさを味わうことが大切で、そのなかで愛情や信頼感をもつようになる。

また、友だち同士がぶつかり合い葛藤することなどを通して、互いに理解し合う体験や、目標に向かって考えを出し合い工夫したり、一緒に活動したりする楽しさを味わう体験を重ね、共感性や思いやりなどをもつようになる。

> ③ 社会生活における望ましい習慣や態度を身に付ける。

友だちとのさまざまな葛藤や感情体験の中で、子どもはよいことや悪いことに気づき、考えながら行動するようになる。他の子どもや保育者と生活するなかで生活のきまりや遊びのルールを守ることの大切さに気づき、生活のための必要な習慣や態度を身につけていく。また、友だちと楽しく遊ぶための折り合いのつけ方を知り、自分の気持ちを調整する力を育てていく。

5 ── 3歳以上児の領域「人間関係」の内容

> ① 先生（保育士等／保育教諭等）や友達と共に過ごすことの喜びを味わう。

　園で自分を温かく受け入れてくれる保育者との信頼関係ができると、それを基盤に自分はクラスの一員であるという所属意識（居場所）が生じ、安心感をもってやりたいことに取り組むようになる。そして徐々に、他の子どもと言葉を交わしたり、物のやり取りをしたりしてかかわりが生まれてくる。さまざまな楽しさを味わったり、トラブルによる葛藤を経験したりしながら、保育者や友だちと共にいる楽しさや充実感などを味わう。
　園生活を通して友だちと共に過ごす喜びを味わうために、まず保育者が子どもの気持ちや欲求などの目に見えない心の声を聴き、その子どもの内面を理解し受け止めることが大切で、自分なりの目当てや期待をもって安心して登園するようになるよう、温かな関心をもってかかわることが求められる。

> ② 自分で考え、自分で行動する。

　自分なりに考えて自分の力でやってみようとする態度を育てることは、「生きる力」を身につけ、自らの生活を確立していくうえで大変重要である。自分がやりたいことが見つかり、自分から興味や関心をもって環境にかかわり、活動を生み出し、その活動を楽しみながら展開し、充実感や満足感を味わう。
　自分なりの目当てをもったり、自分の思いが実現するように試行錯誤しながら工夫したりして、自分の思いを遂げ、課題を乗り越える主体的な態度を育てることがきわめて大切である。
　反対に、保育者主導でやるべきことのみを与えてしまうと、他者に追随する態度が身につき、自分のやりたいことがもてなくなってしまう。そんな受動的な子どもにしないようにしなければならない。

> ③ 自分でできることは自分でする。

　子どもたちは、片づけや着脱衣、食事など、さまざまなことを自分ででき

るように家庭でもしつけを受けている。しかし、園での生活でそれらのことをできているかと言われれば、できない子どもも多くいる。

ここでは、「できる」「できない」が問題ではなく、「自分でやりたいこと」や「自分が思ったこと」ができたことを喜ぶ気持ちが大切である。「できた」という喜びは、もっと自分でやってみたいという動機づけになり、やったらできたという充実感や達成感になり、自立の第一歩となるのである。

自分でボタンをとめる

子どもが自分でやり遂げることの満足感を十分に味わうことができるよう、保育者は子どもを温かく見守り、その気持ちを受容し励ます必要がある。

身のまわりのことについて先を急ぐあまり、型にはめ込み、指示に従わせることばかりすると、言われた通りにしか行動できなくなり、かえって子どもの自立を妨げる結果になる場合もあることを留意しておく必要がある。

④ いろいろな遊びを楽しみながら物事をやり遂げようとする気持ちをもつ。

子どもは、身近な環境に主体的にかかわり、さまざまな遊びや活動を楽しむが、それを持続し発展させ、遊び込んだりやり続けたりすることができれば楽しさや達成感を味わい、次に取り組む際にも達成感を求めるようになる。

3歳の当初は、興味や目当てをもって遊び始めても途中でうまくいかなくなり、やり続ける気持ちが折れて止めてしまうことがある。この時に、信頼する保育者に温かく見守られ、必要に応じ適切な援助を受けることができれば、支えられていると感じ、あきらめずに最後までやり遂げることができる。

保育者や友だちの力に支えられながら、考え工夫し、物事を最後まで行う体験を重ねると、達成感から自己肯定感が育ち、自発的積極性をもち、さまざまなことに挑戦し、失敗も繰り返す中で、難しいことでもあきらめず自分でやり遂げるようになる。

また、友だちと遊ぶ楽しさを経験すると、一緒に物事をやり遂げたいという願望が強まっていく。一人でも達成の喜びはあるが、皆でやってできたという達成感を共感することは、大きな喜びであり、大きな意味をもつ。一人ではできないことも、友だちと一緒なら励まし合い協力して、心が折れることなく目標を目指して最後までやり続ける意欲をもつことができる。このような経験は、やがて協同性の育ちにつながっていく。

⑤ 友達と積極的に関わりながら喜びや悲しみを共感し合う。

子どもは、嬉しい時や悲しい時、その気持ちに共感してくれる相手の存在が、大きな心の支えとなり、その相手との温かな感情のやり取りをもとに、友だちの喜びや悲しみに心が向くようになっていく。

子どもの育ちへの人間関係の大切さを考えよう

3歳の当初、つながりを感じず自分だけの世界にいる子どもも、次第に友だちに興味をもち、隣で泣いている子どもの側にいるだけで泣きたくなる。反対に隣の子が大笑いしているのを見るだけで楽しくなるなど、相手の存在を感じ、同じ場で同じような感情をもつことを体験する。さらに、同じ場所でおもしろいことを見つけ、顔を見合わせて笑う、一緒に製作していた物が完成し、喜びを分かち合う、また、せっかくつくったものが壊されてしまう、自分の思いと友だちとの考えが合わなくて悔しさや悲しさを味わうなど、友だちと一緒だからこそ味わえるさまざまな体験を重ねていく。これらの感情体験を通して、さまざまな心を動かす出来事を友だちと共有し、相手の感情にも気づいていくことができるようになるのである。

人とかかわる力を育むうえでは、仲良くトラブルのないつき合いのみを目指すだけではなく、安心できるクラスで自分のやりたいことに取り組むことにより、友だちと過ごす楽しさを味わったり、自分の存在感を感じたりして、友だちとさまざまな感情の交流をすることが大切である。

⑥ 自分の思ったことを相手に伝え、相手の思っていることに気付く。

子どもは、相手に親しみを感じると思いを伝えようとする。3歳初めの頃は、それまでおとなが気持ちを汲み取ってくれていたがゆえにおとなには伝わることが、子ども同士だと「あれ」・「これ」・「ぼくの」とだけ言っても何をどうしたいのか理解されず無視されることも多い。一方的に自分の思っていることを相手に伝えてもやりとりには及ばない。このような場面で保育者が仲介役となり、その思いを相手に伝える必要がある。

一緒に遊ぶようになると、まだ自分のイメージや考えをうまく言葉で表現できないために互いの思いが伝わらず、思いを無理に通そうとしてトラブルになることも多いので、状況に応じた適切な保育者のかかわりが求められる。

気に入った友だちができると、少しずつ、相手にわかるように伝えようと

する。親しみをもって相手に伝えようとして、伝わることでより親しみが増すという好循環の過程を経て、次第に相手の思っていることに気づくようになり、子ども同士のかかわりが深まる。

　保育者は、子どもが友だちと一緒に生活する中で、自分の考えや思いを相手に伝達できるように、また、徐々に考えや意見があるのだと気づけるように仲立ちをすることが大切である。

> ⑦ 友達のよさに気付き、一緒に活動する楽しさを味わう。

　友だちと遊びや活動を共にすることで、さまざまな心を動かす楽しい出来事を共有し、感じ方や考え方、行動の仕方などの違いに気づく。さまざまな場面での友だちの姿に関心を寄せ、それぞれの違いや多様性に気づいていけるようになることが大切である。

　そのためには、保育者は愛情をもって温かい目で見守って、一人ひとりのよさや可能性を見いだし、その子どもらしさを損なわず、ありのままを受け入れる保育者の姿勢を他の子どもたちに広めることが大切で、その積み重ねで子ども自身も自分のよさや友だちのよさに気づけていけるようになる。

　「○○ちゃんは片づけが上手」、「○○ちゃんは歌が好き」といった表面的な特性に気づくことから、「○○ちゃんならいい考えをもっていると思う」、「○○ちゃんなら友だちにやさしいからこうするだろう」など、次第に互いの心情や考え方などの特性にも気づくようになり、その特性に応じて友だちにかかわるようになっていく。

　一緒に活動する楽しさが増してくると、互いがさらに認め合えるようになり、生活がより豊かになっていく。そのような体験を重ねることで、子どもは周囲の人々に自分がどう見られているかを敏感に感じ取っていく。自分をよく理解してくれる保育者との生活では、安心して自分らしく行動でき、自尊感情を高めることができる。友だち同士が支え合う関係が育つと、さまざまな物事への興味や関心が広がり、自分から何かをやろうとする意欲や活力も高まっていく。

> ⑧ 友達と楽しく活動する中で、共通の目的を見いだし、工夫したり、協力したりなどする。

　3歳当初は、他の子どもと一緒にいることや同じことをすることで、共にいることの喜びや人とつながる喜びを体験する。その後、次第に仲のよい友だちができ、思いを伝え合いながら遊びを進めるようになり、自分と相手の「一緒」の世界での遊びを喜び合うようになる。遊びや活動でイメージや目

的を共有し、協力し、時には自己主張がぶつかり合う中で、「一緒に」するために折り合いをつけることを学び、それを繰り返しながら、工夫したり、協力したりする楽しさや充実感を味わえるようになっていく。

　経験を重ねていく中で、仲のよい友だちだけではなく、いろいろな友だちと一緒に、そしてクラス全体で協同して遊ぶことができるようになっていく。運動会などクラス全体で行う活動の場合、子どもは、小さなグループでは味わえない集団での遊びの楽しさや醍醐味を感じることができる。

　一斉・画一保育を受ければよいのではなく、一緒に活動する子どもが自ら目的を共有し、一人では得られない遊びや活動に集中していく高揚感を感じたり、一体感からの所属意識を感じたり、その中で工夫し合ったり、力を合わせて問題を解決したりする、友だちと一緒に生き生きするような関係性を築いていけることが大変重要である。

　保育者は、子どもたちの願いや考えを受け止め、共通の目的の実現のために困難が生じそうな状況なども想定しつつ、子ども同士で試行錯誤できるように配慮する。そして、実現に向かおうとする過程を丁寧にとらえ、一人ひとりの子どもが十分に自己発揮でき、友だちとのかかわりに応じて、適時に援助することが求められる。

　保育者の援助する姿勢や言葉がけなどを通して、相手のよさに気づいたり、協同して活動したりすることの楽しさを味わえることが大切である。

⑨ よいことや悪いことがあることに気付き、考えながら行動する。

　子どもは、園生活で自らの行動や友だちの行動に対する保育者のさまざまな反応を見て、よい行動や悪い行動があることに気づき、自分なりの善悪の基準をつくっていく。特に信頼し、尊敬している保育者の反応は重要である。子どもは信頼する大人の諾否に基づいて善悪の枠をつくり、また、それをおとなの言動によって確認しようとする。

　保育者は、子どもが園生活の中で望ましい社会的な行動（積極的にルールを守ろうした、泣いている子どもを気遣い助けようとしたなど）をした際「良い行為」と認めたり、ほめたりする一方で、人としてしてはいけないことは「悪い行為」ということを明確に示す必要がある。

　保育者は、ただ善悪を教え込むのではなく、子どもが自分なりに考えるように援助することも重要である。子どもが「何をしなければならなかったのか、その行動の何が悪かったのか」を考えることができるように働きかけることが必要である。

　また、自分で気づかない善悪に気づけるようにすることも大切であるが、

第1章●未来の社会を生きる子どもたちに求められる幼児教育と「人間関係」

受け入れるかどうかは、子どもと保育者との信頼関係が大きく影響する。子どもが安定感をもち、保育者や他の子どもから受け入れられている安心感をもった時、自分なりの善悪の判断基準をもち自ら行動できるようになる。

⑩ 友達との関わりを深め、思いやりをもつ。

　幼児教育での思いやりとは、他者とさまざまなやり取りをする中で、自他の気持ちや欲求は異なることがわかったうえで、自分とは異なった他者の気持ちを理解しての共感や思いやりのある行動である。相手の立場に立って気持ちを考えられるようになるためには、友だちとかかわり、感情的な行き違いや自他の欲求の対立というような葛藤経験が必要である。

友だちといっしょに活動

　子どもは次第に気の合う友だちや一緒にいたいと思う友だちができ、その友だちに対して、共感し、思いやりのある行動をする傾向がある。仲のよい友だちの存在が、思いやりをもつうえで重要である。

　また、子どもが友だちに受け入れられ、かかわりを深められるように援助するとともに、保育者が子ども一人ひとりを大切にし思いやりのある行動をすることで、思いやりのモデルになることや、他者の感情や相手の視点に気づくような働きかけをすることも重要である。

⑪ 友達と楽しく生活する中できまりの大切さに気付き、守ろうとする。

　人間として尊重しあい、協調して社会生活を営んでいくために社会のきまりやルールがある。さまざまな社会のルールのうち、多くの人が共有していくべきものが「きまり（規範）」といわれている。

　子どもは、集団生活や友だちとの遊びを通して、これらのきまりがあることに気づき、それに従って自分を抑制するなどの自己統制力を徐々に身につけていく。幼児期に保育者や友だちと共に生活することを通して、この規範が内面化され、規範意識の芽生えが培われることが大切である。

　園生活ではきまりを守ることが大切であるが、なぜきまりが必要なのかが子どもにはわからず、「保育者に言われたから」「決まっているから」「守らないと叱られるから」という理由できまりが共有されていることもある。

　きまりはなぜ守る必要があるのか、守らないとどうなるのかが子どもにわかるようなものもある。たとえば、食事前に手を洗わないと病気になる、順

番を守らない子どもがいると守っている子どもは待たされてしまうといったようなことである。

日々の遊びや生活の中できまりを守らなかったために起こった問題に気づき、きまりの必要性を子どもなりに理解できるようにし、単にきまりを守らせることだけでなく、必要性を理解したうえで、守ろうとする気持ちをもたせることが大切である。

友だちと一緒に遊ぶ中で、楽しく遊ぶためにはルールに従うことが必要であることや、より楽しくするために自分たちでルールをつくったり、つくり変えたりすることなどが自らの成長感のなかで「自分たちのルールを守る」という誇りになり、自尊心を高めることにもつながるのである。

> ⑫ 共同の遊具や用具を大切にし、皆で使う。

物を大切にするという気持ちの根底には、それが大切だと思える経験と気持ちが重要である。子どもが園の物を粗末にするとき、それがみんなの物であるということだけを強調するのではなく、保育者が遊具や用具を大切に扱っていること、それらを使って十分に遊び、楽しかったという経験を積み重ねることによって、物へのこだわりや愛着を育てることできる。

さらに、自分も使いたいが、友だちも使いたいということで起こる衝突やいざこざ、葛藤などを体験することを通して、個人の物とみんなの物があることに気づかせていくことが大切である。園では共同の物は先に使い始めた者に優先権があることが多いが、使いたいという思いを相手に伝え、相手の使いたい気持ちにも気づき、徐々に交替で譲り合って使う必要のあることも知らせていく。

保育者が一方的に順番を指示したり機械的にじゃんけんなどで決めたりするような安易なやり方ではなく、自分たちの生活を豊かにしていくために、自分と友だちの要求に折り合いをつけたり、自分の要求を修正したりする必要があることを実体験させていくことが大切である。

> ⑬ 高齢者をはじめ地域の人々などの自分の生活に関係の深いいろいろな人に親しみをもつ。

近年の核家族化により、家庭や地域においても人間関係が希薄化し、子どもの人とかかわる力が弱まってきている。そのような状況であるゆえ、園で地域の人たちと積極的に交流する体験をもつことは、人とかかわる力を育てるうえで大切である。地域の人たちとの触れ合いを通して、園内の人たちだけでなく周囲の人たちとかかわり合い、支え合って生きているのだというこ

とを実感することが大切である。

　そのために、園生活のなかで地域の人々との交流の機会を積極的に取り入れることも必要である。とりわけ、高齢社会を生きていく子どもにとって、高齢者と実際に交流し、触れ合う体験は重要である。地域の高齢者を運動会や発表会に招き、一緒に楽しむ、昔の遊びを教えてもらう、昔話や高齢者の豊かな体験にもとづく話を聞く、高齢者福祉施設を訪問して交流したりするなど、高齢者と触れ合う活動を工夫していくことが大切である。

　地域の人々との交流を図るうえで重要なことは、それが子どもの発達にとって有意義なのはもとより、地域の人たちにとっても、子どもに接することで人とのかかわりが豊かになり、希望が育まれるなど有意義なものとなるからである。

6 ── 資質・能力を育むための人間関係の新たな視点

　幼稚園、保育所、認定こども園は、集団教育としての幼児教育を行う場である。幼児教育において育成すべき資質・能力を身につけていくためには、子どもたちが自ら積極的に取り組み、主体的に学び、周囲とのかかわりを大事にしながら対話的に学び、すでに知っている知識と新しい知識が次々に結びついていく深い学びにしていくことが必要である。

　そのためには、子ども一人ひとりを保育者がしっかり見守ることが大原則となる。往々にして新任保育者は子どもに直接かかわる保育行為をしていないと保育の実感をもちにくいものである。子どもにとって必要な援助としてかかわることと、なんとなく手持ちぶさただから子どもとかかわることは異なる。

　子どもの姿に興味や疑問をもったならば、子どもの思いや考えを推測・理解するために見守り、対話することが大事である。特に遊びの場面は、子どもたちが主体性を発揮する場であり、同時多発的にさまざまな場面でさまざまな姿を見せる。保育者は一人ひとりの遊んでいる姿をとらえ理解しようとするあまり、転々と動き、よく理解することなく表面的なかかわりを行う。

　しかし、保育者は「安全基地」としての存在で、どっしりと構えていることも必要である。子どもの主体的な学びを保障するためには、保育者が先回りしたり、後追いしたりすることなく見守り、<u>子どもが必要としてきたら対話的に寄り添い、必要な援助や知識を提案し、深い学びに誘うことが大切である</u>。行き過ぎた先回りや干渉ではないかを振り返る必要がある。

　遠藤は保育者の「情緒的利用可能性」という概念で4つの専門性を述べて

いる[1]。①何か助けを求めた時に的確に応じる敏捷性、②逆に子どもがシグナルを発信してこない場合は極力子どもの主体的な活動に干渉しない非侵害性、③黒子に徹し、遊びや活動の環境の構造する構造化、④情緒的に温かいあ雰囲気を醸成し、離れたところから見守りのエールを送り続ける、というものである。

　保育者や友だちから深く愛されていると実感できるためにも、見守り、応援し続け、一人ひとりのよさをクラスに広げる間接的な援助も、資質・能力の育成にはとても重要である。

●「第1章」学びの確認
①幼児を取り巻く現代的課題を克服し、未来を生き抜く社会の担い手として、どのような育ちが大切かを考えよう。
②「幼児期の終わりまでに育ってほしい10の姿」は、保育のなかでどのように用いられるかを確認しよう。
③領域「人間関係」の0歳から就学前までのねらいおよび内容の関連づけ、発達的変化を確認しよう。
●発展的な学びへ
①年齢に応じた多くの援助のあり方を分類・整理してみよう。
②気になる図表から、今後の保育者として自分が行えることを具体的に考えてみよう。

引用・参考文献

1) 遠藤利彦『情緒的利用可能性の大切さ』教育プロ　2017年
2) 社会福祉法人恩賜財団母子愛育会『日本子ども資料年鑑』KTC中央出版　2017年
3) 内閣府『平成28年度版　少子化社会対策白書』2017年
4) 内閣府・文部科学省・厚生労働省「幼保連携型認定こども園教育・保育要領　幼稚園教育要領　保育所保育指針中央説明会資料」2017年
5) 那須正裕『資質・能力と学びのメカニズム』東洋館出版社　2017年
6) 国立教育政策研究所編『国研ライブラリー　資質・能力　理論編』東洋館　2016年
7) C・ファデル、M・ビアリック、B・トリリング（岸学監訳）『21世紀の学習と教育の4つの次元』北大路書房　2016年
8) 泉千勢編著『なぜ世界の幼児教育・保育を学ぶのか』ミネルヴァ書房　2017年
9) 友定啓子・青木久子『幼児教育知の探求　領域研究「人間関係」』萌文書林　2017年
10) 汐見稔幸『さあ、子どもたちの「未来」を話しませんか』小学館　2017年
11) 澁井展子『乳幼児期の親と子の絆をめぐって』彩流社　2017年

●○● コラム ●○●

マシュマロテスト

　ウォルター・ミシェルは、1960年代にスタンフォード大学のビング保育園の園児にテストを行った。園児がマシュマロ1個の置いてあるテーブルと向かい合って一人で座る。テーブルの上に置いてあるマシュマロは1個だが、研究者が戻るまで席をはなれなかったり、食べたりしなければマシュマロを2個食べることができる。我慢できずにマシュマロを食べた園児もいれば、我慢して2個食べた園児もいる。我慢できた園児とできなかった園児の違いを、その後の50年にわたって追跡調査を行った結果、我慢した時間が長いほど大学進学適性の点数がよく、青年期の社会的・認知的機能の評価が高かった。また、肥満指数が低く、自尊心が強く、目標を効果的に追求し、欲求不満やストレスに対してうまく対応できるということも明らかとなった。これが、行動科学で最も有名なテストの一つであるマシュマロテストである。

　我慢できた園児は、マシュマロをもう一つもらうという先にある目的と目的を達成するための条件を思い描き続けた。そのことによって、食べたい衝動を和らげ、さらに気をまぎらわすための方法をとったことによって我慢することに成功できたのである。自らの感情や衝動をコントロールするためには、見通しを持てることがとても大切だといえる。

　また、我慢するというストレスに対してうまく対応できるかどうかは、乳児期の愛着形成の育みにも関係する。乳児期に愛着形成が十分に育まれた子は、なんらかの方法で気を紛らわせてストレスに対してうまく対応することができる。一方、乳児期に放任や虐待を受けた場合、ストレスの負荷がかかり続けて、うまく対応することができずに我慢ができない。

　これらの結果から、乳幼児に対するおとなのかかわりがその後の人生に影響することがわかる。しかし、園児のときには我慢できなかったのに年を経るうちに待つのがうまくなる子もいれば、園児の時には我慢できたのに年を経るうちに自制の水準が下がる子もいる。園児の時の結果ですべてが決まるのではなく、その後のおとなのかかわりや教育の効果によって将来が変わり得るのである。

第2章 子どもの人間関係をめぐる課題と将来像

◆キーポイント◆

子どもがよりよい発達を遂げるためには、人や社会とのかかわりは不可欠である。しかし、自然環境破壊や気候変動、地域力の低下、家庭の教育力の低下など、子どもを健全に育むための環境は年々厳しいものになってきている。なかでも「2025年問題」[※1]「2030年問題」[※2]と言われる少子高齢社会が引き起こす問題は、日本の経済や福祉、日常生活にまで影響を及ぼすため、政府は本格的な改革に乗り出し始めた。

対策の最も重要なウエイトを占めるのが、子育て支援・家庭支援であり、多彩な支援が展開されていくだろう。それに対応する幼稚園教諭や保育士の役目は重要であり、多岐にわたる業務が求められる。

本章では、未来を見通した政策のために大きく変貌した「幼稚園教育要領」「保育所保育指針」「幼保連携型認定こども園教育・保育要領」の背景となる社会問題や子育ての課題と子どもの将来像について学ぶ。

※1 2025年問題
団塊の世代が2025年頃までに後期高齢者（75歳以上）に達することにより、介護・医療費等社会保障費の急増が懸念される問題。

※2 2030年問題
2030年には人口の3分の1が高齢者になると予想され、「超高齢化」によりさまざまな問題がひきおこされること。

第1節 ● 少子高齢社会における子どもの行方

1 ── 少子高齢社会とは

※3 合計特殊出生率
15〜49歳までの女子の年齢別出生率を合計したもので、一人の女性が一生の間に生む子どもの数に相当する。

※4 社会保障の給付と負担の見通し
厚生労働省が行った2006（平成18）年5月調査によれば、各種の社会保障制度改革を前提にした場合であっても、2025年度において26.1％と経済の伸びを上回って増加していくものと見込まれる。

　少子高齢社会とは、合計特殊出生率[※3]が低下する一方、平均寿命が伸びたことによって、高齢者の割合が高まった社会のことである。総務省統計局の人口推移によれば、2017（平成29）年5月1日時点の日本の総人口は、1億2,672万4,000人で、5年前の2012（平成24）年に比べ79万1,000人減少している。このまま減少が続けば、2025年に人口は1億2,000万人、2046年には1億人を割って9,938万人になると推計されている。

　さらに深刻なのは、人口構造における若者と高齢者の比率が逆転して完全に少子高齢社会になってしまったことである。人口構造が、若者が多く高齢者の少ないピラミッド型ならば、人口増加への希望がもてるが、逆の現象になってしまった。これが多くの不安を引き起こしている原因である。今後30年で、高齢者は現在の3,395万人から3,767万人に増える一方、働く世代は、7,681万人から5,001万人と4割も減ると推計される。その結果、少ない若者

第2章●子どもの人間関係をめぐる課題と将来像

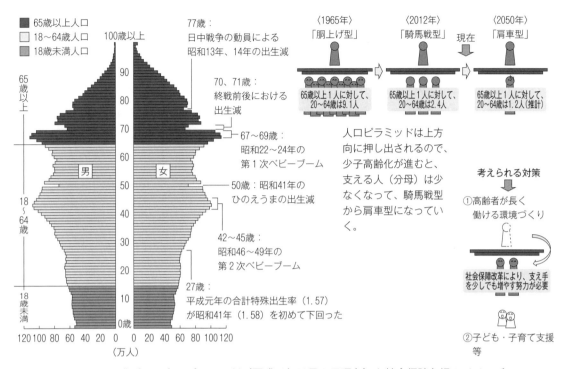

図2-1　我が国の人口ピラミッド（平成28年10月1日現在）と社会保障負担のイメージ
出典：総務省統計局（平成29年4月14日公表）、社会保障・人口問題研究所。イメージ図は「日本の将来推計人口」（平成24年1月推計）をもとに一部加工

が日本経済と社会保障費を負担することになる。国民の3人に1人が65歳以上、5人に1人が75歳以上という2025年には、社会保障の給付と負担[※4]は、26.1％となり、経済の伸びを上回って増加すると見込まれる。現在は現役世代2人か3人の社会保障費で1人の高齢者を支えているが（騎馬戦型）、2050年には1人で1人を支える日が来るだろう（肩車型）。

団塊の世代、団塊ジュニア[※5]がどんどん高齢化していくのに対し、このまま少子化が続けば、さまざまな問題が生じるのは必至である。

2 ── 少子高齢社会が引き起こす問題

人口が少なくなれば、国民総生産（GDP）[※6]が低下し、国際社会において経済的劣勢を生じさせるだけではなく、日常生活にもさまざまな弊害が起きる。まず考えられる大きな問題は、労働力の不足である。これに対して政府は、女性のみならず高齢者や障害者にも就労を呼びかけ、促進している。未来社会は、機械化、ロボット[※7]化していくが、精密機械に強い日本では、すでに労働不足を補うために機械化を導入しており、その傾向は増加していく

※5　団塊世代、団塊ジュニア世代
団塊世代とは、第二次世界大戦直後の日本において、1947（昭和22）年から1949（同24）年までのベビーブームに生まれた世代である。この世代の子どもたちを団塊ジュニア世代という。

※6　国内総生産＝GDP（Gross Domestic Product）
一定期間内に国内で産み出された付加価値の総額のこと。1993年から代表的指標として国民総生産GNP：Gross National Product）に代わって使用されるようになった。

※7 ロボット
「人工知能を持つ機械」「自ら考えて動くことのできる機械」のことであり、形は（人型でなくても）問題はない。

だろう。その結果、子どもたちがおとなになる頃には、機械に代行される仕事も増え、働く形態が変化するだろう。これらの予測により、未来を担う子どもたちには、社会の変化に対応する能力や、膨大な情報処理をこなす能力が求められる。

　少子高齢が引き起こす問題はそれだけではない。地域の過疎化や経済不振によって、充分な公共サービスが受けられなくなり、現在のような安心・安全な生活が維持できなくなってくる。すでに、廃線による交通の不便、町の消滅、病院の閉鎖、小児科の激減、インフラの老朽化に伴う事故など、日本各地で影響が出始めている。

3 ── 求められる保育サービスの向上

　今や「少子化対策」こそが、日本の経済や福祉、安心・安全な日々の生活維持のための鍵を握っているといっても過言ではない。それは、女性就労率と出生率を同時に増加させるという相矛盾する希望の上に成り立つ危うい綱渡りのようなものであるが、もう進むしかない状況に来ている。女性に働きつつ、出産・育児をすることが求められているのである。

※8 レスパイト支援
英語の「休息」の意味が示すように、障害児・者の家族、子育てで疲れた親などに「休息」を与えるための専用施設を使って「一時預かり」をすること。

　そのために、働く女性が安心して出産・育児ができるよう、①保育サービスの向上、②実質的な産休育休の確保、③児童手当の増加もしくは教育の無償化などが熱望されている。この中で、保育者に最も関係が深く、子育て家族の大きな味方が「保育サービスの向上」である。母親の就労時間やニーズに応じて、延長保育・休日保育・夜間保育・一時保育などが実施されている。さらに、乳児院や児童養護施設では、常時宿泊型の養護だけでなく、降園から親が帰宅するまでの夕方から夜にかけて預かるトワイライトステイや、決まった曜日や数日預かるショートステイなど多様な形での支援が展開されている。障害児に対するレスパイト支援[※8]の考えが、健常児にも拡大されてきた。今後は、病児保育、昼間の一時預かり所、保育ママ、ベビーシッター、ファミリー・サポート[※9]、家事代行などの支援も増加していくであろう。

※9 ファミリー・サポート
乳幼児や小学生等の児童を有する子育て中の労働者や主婦等を会員として、児童の預かりの援助を受けることを希望する者と援助を行うことを希望する者との相互援助活動のこと。これに関する連絡、調整を行う事業所を「ファミリー・サポート・センター」という。

　これらの保育サービスを上手に組み合わせて、親子が楽しく生き生きとした生活が送れるように支援されてこそ、少子化対策につなげていける。

※10 子育て世代包括支援センター
「ニッポン一億総活躍」（平成28年6月2日閣議決定）等に基づき、平成32年度末までに各地域に設置され、地域の実情等を踏まえながら子育てをサポートする子育てセンター。

　家族が子育てのために追いつめられることのないように、家族の声を聞き、相談にのることは、将来的には「子育て世代包括支援センター」[※10]に移管するかもしれないが、保育所や認定こども園が身近な窓口であることには変わりなく、これらのサービスについての知識や心構えも必要である。

　そのうえ、日々顔を合わせる保育者とのなにげない会話が母親の気持ちを

軽くしたり、ともに子どもを毎日見ているからこそ気づく配慮やアドバイスが問題を未然に防ぐこともある。母親の気持ちに寄り添いながら、冷静な判断とアドバイスができるよう保育者間での情報の共有や連携も重要である。またそれに伴う秘密保持やその他の心得なども学習しておきたい。

4 ── 少子化が加速していくなかで子どもに求められる姿

　今後、少ない労働力で効率よく働くために、機械やIT（情報機器）の利用が見込まれる。働く時間帯もフレキシブルに変化し、家庭と仕事場を結ぶさまざまな機械の遠隔操作の利用によって、働く場所も自由に調整できるようになるだろう。すでに、家庭で子育てをしながら働く人や、地方や海外で仕事をしながら結果を日本の本社とやりとりするという働き方の人も増えてきている。

　このような未来社会において、グローバル化した社会を担う子どもたちには、大量に交錯する情報社会に臨機応変に対応できる能力や、人々と協働するためのコミュニケーション能力と協調性が要求される。そのためには、相手の立場や気持ちを理解し、認めあう力、配慮できる思いやり、協同してなにかを成し遂げる喜び、皆のために貢献できる喜び、全体のために自分のことは少し我慢できる抑制力、感情をコントロールできる力などが必要とされる。その反面、自分の意思を表明し、周囲に流されない独立心なども必要である。これらの力を年齢に応じた方法で、無理なく育んでいくことが肝要である。

　機械化が進めば進むほど、われわれ人間特有の資質や能力が重大となる。それらの基礎を育むのは幼年期の非認知能力[※11]にかかわる力で、時間の制限を受けない自由な遊びや生活を通して、豊かで生き生きした人間関係を取り結び、豊かな感性と愛情を育みたい。

※11　非認知能力について、詳しくは第9章第6節（p.165）を参照。

第2節 ● 多様化する家族形態が抱える諸問題と子育て支援

1 ── 家族形態の多様化

　子どもにとって、家庭とは生活基盤そのものであり、家族は最も身近で影響を受けやすい存在である。家族の形態を構成メンバーによって分類すると、

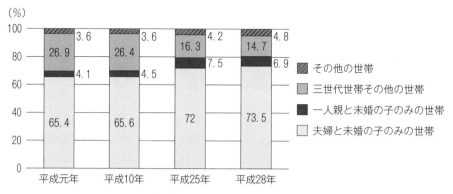

図2－2　児童のいる世帯における家族構成の推移

出典：厚生労働省「平成29年国民生活基礎調査の概況」報告書「4－児童のいる世帯の状況」のデータの読み取りより筆者作図（2018年）

基本的には3つの形態がある。
① 核家族〈a．夫婦のみ　b．夫婦とその子ども　c．一人親と子ども　d．夫婦と親〉
② 直系家族〈長男など家系を継ぐ子どもの家族に親が同居〉
③ 複合家族〈親戚や養子関係の者と同居〉

「児童のいる世帯における家族構成の推移」（図2－2）は、厚生労働省の「国民生活基礎調査の概況」のデータをもとに、児童のいる家族構成を平成元年、平成10年、平成25年、平成28年とを比較した。核家族世帯（図2－2では、「夫婦と未婚の子のみの世帯」と「一人親と未婚の子のみの世帯」の合計）が増加しているのに対し「三世代世帯その他の世帯」は減少している。「一人親と未婚の子のみの世帯」は2.8％上昇し、他のデータを参考にすると、「母親と未婚の子の世帯」の増加が著しい。「その他の世帯」もやや増加している。

上記の分類③の複合家族（図2－2では「その他の世帯」）では、家族構成員が変化している。おじ、おばとの同居が減り、親族や養子縁組による家族が増えている。

同居人は、数字としては含まれないが、他人ではあるが家族に近い存在として同居する現象も見られる。俗に「ステップファミリー」といわれる離婚した男女が一緒に子育てをするケースでは、入籍して一つの家族になる場合もあるし、戸籍上はそれぞれ別のままであるが、同居して家族同様に生活する場合もある。この形態は、親にとってはパートナーとの信頼関係が深まり、2人で協力して子育てでき、子にとっては互いに不在の父親像、母親像が補完されるメリットがある。反面、新たな家族の再生のために複雑な人間関係が生じ、問題も起こりやすい。特に感情の未発達な乳幼児は理解を超えた不

安や葛藤のなかに置かれやすい。

　同性の両親と子どもや養子縁組による家族もあり、家族や同居人の人間関係は各家庭により複雑化し、保育者の柔軟な理解や対応が求められる。

　このように複雑化した家族構成や社会事情の中では、家族によって家事や育児の分担量も異なり、育児にかかわる人間関係も違っている。それぞれ違った人間関係をもつ子どもが集まる園では、「100人いれば100通りの家族形態がある」ことを肝に銘じて、子どもの姿や生活実態を的確に把握し、子どもの言動の背景にあるものを理解しながら温かい人間関係を取り結んでいくことが、保育者の重要な役目となる。

2 ── 多様化する家族形態が抱える諸問題と支援法

(1) 多様化する家族形態が引き起こす問題と支援法

　それぞれの家族形態による考え方や感じ方の違いが、子どもに大きく反映されるので、子ども同士の会話や行動に注意を払う必要がある。

　たとえば、ままごと遊びでは、父親が主に家事をしている家庭の子どもは従来の専業主婦型の母親役に違和感を覚えるだろう。また他の子どもと違った言動（その子どもにとっては日常の親のまねなのだが）によって他の子どもに冷やかされたり、仲間外れにされたりする場面が見られる。このような場合の対処などにも十分な配慮が必要で、保育者同士の話し合いや研修などで、さまざまな家庭形態や家族のあり方への理解や子どもの言動への対処の方法など、人権に対する意識も学んでおきたい。

　送迎では、曜日ごとに送迎者が違う場合、仕事の都合で別の送迎者に急遽(きゅうきょ)依頼する場合、近い将来には育児ヘルパーや家事代行者など依頼を受けた他人が迎えに来る場合も想定できる。離婚した親が無断で迎えに来た場合は大きなトラブルになりかねない。保護者、または決まった代理人以外に子どもを託すことには難しいことをしっかり説明し、やむを得ない場合は、家庭や保育者同士の緊密な連絡・連携が重要である。

(2) 少子化が引き起こす問題と支援法

　少子化が引き起こす具体的な問題を家族形態から考えてみよう。

① 多様な人間関係の欠如による弊害と支援法

　少子化におけるさまざまな問題を抱えて成長していく子どものために、園では、多様な人間関係の欠如が引き起こす弊害[※12]を緩和しなくてはならない。

※12 多様な人間関係の欠如による弊害
一人っ子の増加に伴い、兄弟・姉妹やおじ・おばによる斜めの関係が喪失し、家族を中心とした複雑な人間関係が欠如している。祖父母の存在感の喪失による高齢者への無関心や配慮の欠如などもある。

縦の関係

横の関係

斜めの関係

図2-3　家族を中心とした多様な人間関係

その方法として、たとえば、兄弟のいない子どもが多いので異年齢保育を取り入れる、障害者や高齢者との交流に参加させる、地域の行事に積極的に参加する、国際交流の場に出かけるように家族に呼びかけるなど、多くの人々の多様な生き方を見たり、話したりする体験が重要である。

② 母親の就労による家事・育児負担が子どもに及ぼす影響

母親の就労により、家事時間が夕方に集中し、子どもの夕食時間や就寝時間が遅くなり、睡眠時間の減少も指摘されている。

また、母親自身の問題として、長時間労働や家事育児の負担によって疲労や時間的余裕のなさによるストレスが増大し、子どもとの楽しい時間の共有が困難になり、子どもにもやさしく接することができない場面が増えてくる。それらの状況が極度に悪化した場合、母親自身が精神的な病気（ヒステリーやうつ病）を発症したり、現実（育児）からの逃避やネグレクト（養育放棄）をはじめとする児童虐待[13]に至る場合もあるので、できるだけ日々の送迎時や家族参観の時に母親の様子を観察することが重要である。また、育児講習会参加を呼びかけ、さまざまな具体的な方法[14]や支援があることを知らせるとよい。

③ 一人親家族における親モデルの喪失と貧困問題

厚生労働省の「全国母子世帯等調査」によれば、死別による母子家庭が減少しているのに対し、離別による母子家庭が増加しており、離婚に至るまでの複雑な事情（夫婦のけんかや暴力など）を子どもは敏感に感じ取っているので及ぼす影響が懸念される。子どもにとって両親ともに大切な存在であるから、片方の親だけを選択しなければならない辛い立場に立たされたり、見捨てられる不安に苛（さいな）まれたり、見捨てられないために「よい子」でいようとして過度のストレスを感じたりする。

親の立場としては、一人親で子どもを養育するのは、経済的にも時間的にも負担が大きいうえに、一人で父親・母親の二役を担うので精神的にも大変である。子どもがいるために正規雇用が果たせず、非正規雇用（パート）をかけ持ちしてもぎりぎりの生活を余儀なくされる、いわゆるワーキングプア[15]状態のケースもある。この状況下で育った子どもは、親に甘えることを我慢し、将来に希望がもてず、精神的に不安定になりやすいともいわれている。

---

[13] 児童虐待
育児放棄であるネグレクト、身体的虐待、精神的虐待、性的虐待などに分類される。ネグレクトや精神的虐待は増加傾向にあり、それが児童虐待であるという自覚のない親もいる。

[14] 母親の精神的負担軽減の方法
① 話し相手や相談相手になる人を見つける
② 父親の家事・育児の分担を見直す
③ 祖父母や保育ママなどの手助けを得て、育児を一時休業してリフレッシュするなどが考えられる。

[15] ワーキングプア（working poor）
働く貧困層。フルタイムで働いてもぎりぎりの生活さえ維持が困難な就労者の社会層を指す。従来の失業による貧困層とは異なり、先進国でみられる新しい種類の貧困として2006（平成18）年以降、問題視されている。

第2章●子どもの人間関係をめぐる課題と将来像

第3節 ● 社会の変化にともなうこれからの子どもの育ち

1 ── 指針・要領等の改定の背景

　家族のあり方や親の就労状況が多様化するなか、これからの子どもの育ちを支えるにあたり、多様で質の高い支援が必要とされる。国は、2015（平成27）年4月より、幼児期の学校教育・保育、地域の子ども・子育て支援を総合的に推進する「子ども・子育て支援新制度」※16を創設した。この新制度下では、保育所、幼稚園、認定こども園の給付の統一や認定こども園制度の改善をはじめとし、さまざまな子ども・子育てに関する取り組みが示され、実施されている。

　2017（平成29）年度の保育所保育指針の改定では、児童福祉法に基づいたうえで、「子ども・子育て支援新制度」の施行、0～2歳児を中心とした保育所利用児童数の増加※17、子育て世帯における子育ての負担や孤立感を背景とする児童虐待相談件数の増加※18などの社会情勢の変化と、幼稚園教育要領の改訂内容を踏まえての改定となった。具体的な方策としては、①乳児・3歳未満児保育の記載の充実、②幼児教育の積極的な位置づけ、③健康及び安全の記載の見直し、④「子育て支援」の章を新設、⑤職員の資質・専門性の向上、の5つが示された。その中でも、0歳児から1、2歳児、さらには3歳児以上、小学校へと続く接続や連携、多様な保育形態・保育時間に伴う保育者間の連携、アレルギー疾患や個別的な配慮を必要とする子ども等の健康支援における専門機関との連携、災害への備えにおける地域社会との連携、保護者との連携、地域に開かれた子育て支援を支える地域の関係機関との連携など、"連携"が重要なキーワードとなっていることがうかがえる。

　幼稚園教育要領の改訂では、教育基本法、学校教育法に基づき、小学校学習指導要領等とともに、<u>2030年問題を踏まえ、急速に変化し、予測不可能な未来社会を生きる子どもたちが、自立的に生き、社会とのかかわりの中で、自らの生涯を生き抜いていく力を養うこと</u>が目指された。そこでは、子どもたちに求められる資質・能力がどのようなものであるかを社会と共有し、連携する「社会に開かれた教育課程」が重視されるとともに、「主体的・対話的で深い学び」の実現に向けた授業や指導の工夫改善を行うこととした。

　幼稚園教育要領の具体的な改訂点としては、幼稚園教育において育みたい資質・能力としての3つの柱※19を明確にし、さらに「幼児期の終わりまでに

※16「子ども・子育て支援新制度」
2012（平成24）年8月に成立した「子ども・子育て支援法」、「認定こども園法の一部改正法」、「子ども・子育て支援法及び認定こども園法の一部改正法の施行に伴う関係法律の整備等に関する法律」の子ども・子育て関連3法に基づく制度。

※17　厚生労働省の報告によると、2009年の調査では、保育所利用者のうち1、2歳児の利用率は28.5％であったが、2016年には41.1％と増加傾向にある。

※18　厚生労働省の報告によると、児童相談所での児童虐待相談対応件数は2006年で37,323件、10年後の2016年では122,578件（速報値）と3倍以上に増加している。虐待相談の内容別件数においては2012年までは身体的虐待に関する相談が一番多かった（35.4％）が、2013年以降は、心理的虐待件数が一番多く（2012年で33.6％、2013年で38.4％、2016年では51.5％［速報値］）、急速に増加している。

※19　3つの柱
「知識及び技能の基礎」、「思考力、判断力、表現力等の基礎」、「学びに向かう力、人間性等」

育ってほしい姿[20]」として10項目を示した。そのほか、幼稚園教育においてわが国や地域社会におけるさまざまな文化や伝統に親しむことなども示している。

幼児教育はこの20年ほどの間に、日本も含め、世界各国においてその重要性が認識されるようになった。今回の改定・改訂においては保育所、幼稚園、認定こども園のどこに通っても一定以上の質が担保された幼児教育が受けられるように、指針・要領等において、3歳児以上の子どもの幼児教育の共通化が図られた。

2 ── 将来の子ども像

文部科学省による「2030年の社会と子供たちの未来」[1]では、これからの子どもたちに求められる人間像として、「社会的・職業的に自立した人間として、伝統や文化に立脚し、高い志と意欲を持って、蓄積された知識を礎としながら、膨大な情報が重要かを主体的に判断し、自ら問いを立ててその解決を目指し、他者と協同しながら新たな価値を生み出していく」との姿が示されている。そのためには、学校が「社会と接点を持ちつつ、多様な人々とつながりを保ちながら学ぶことのできる、開かれた環境」であることが求められる。このような開かれた学校教育は、ユネスコが提唱する「持続可能な開発のための教育（ESD）」[21]においても示されるものである。ESDの実施においては、①人格の発達や、自立心、判断力、責任感などの人間性を育むこと、②他人との関係性、社会との関係性、自然環境との関係性を認識し、「関わり」、「つながり」を尊重できる個人を育むこと、が2つの観点としてあげられる。

新たな保育所保育指針、幼稚園教育要領、幼保連携型認定こども園教育・保育要領においては、上記のような最終的な子どもの育ちを目指し、乳幼児期がその基礎となる重要な時期であるとの認識のもと、「幼児期の終わりまでに育ってほしい姿」が打ち出されているといえよう。その10項目の中でも、領域「人間関係」と密接に関連するものに、「自立心」、「協同性」、「道徳性・規範意識の芽生え」、「社会生活との関わり」があげられるが、それはESDに示された①、②の観点とも共通するものである。

※20 幼児期の終わりまでに育ってほしい姿
第1章第2節（p.19）を参照。

※21 ESD
ESD（Education for Sustainable Development）は、世界における環境、貧困、人権、平和、開発といったさまざまな現代社会の課題を自らの問題としてとらえ、身近なところから取り組むことにより、それらの課題解決につながる新たな価値観や行動を生み出し、それにより持続可能な社会を創造していくことを目指す学習や活動を意味する。

第2章 子どもの人間関係をめぐる課題と将来像

● 「第2章」学びの確認
① 「2025年問題」「2030年問題」とは何か、具体的に説明してみよう。
② 家庭のあり方が多様化し、それに伴う保育ニーズも多様化しているが、それぞれの支援の意味と内容は理解できたか確認してみよう。

● 発展的な学びへ
① 少子高齢社会が引き起こす問題にはどのようなものがあるか、調べて発表しよう。
② 保育現場や地域の課題を、フィールドワークを通じて調査してみよう。

引用・参考文献

1) 文部科学省「2030年の社会と子供たちの未来」初等中等教育分科会（第100回）配布資料、文部科学省ホームページ
（http://www.mext.go.jp/b_menu/shingi/chukyo/chukyo 3 /siryo/attach/1364310.htm）
2) 人口の推移　総務省統計「平成29年度版」総務省統計局
（http://www.stat.go.jp/data/jinsui/2016np/img/05k28-p.gif）
3) 柴田悠『子育て支援が日本を救う－政策効果の統計分析－』勁草書房　2016年
4) NHKスペシャル「私たちのこれから」取材班『超少子化－異次元の処方箋－』ポプラ新書　2016年
5) 厚生労働省「平成27年 国民生活基礎調査の概況」報告書「4　児童のいる世帯の状況」（www.mhlw.go.jp/toukei/saikin/hw/k-tyosa/k-tyosa16/dl/16.pdf）
6) 厚生労働省報道発表資料「保育所等待機児童数及び保育所等利用率の推移」（「保育所等関連状況取りまとめ（平成28年4月1日）」）、「児童相談所での児童虐待相談対応件数とその推移」・「児童相談所での虐待相談の内容別件数の推移」（「平成28年度児童相談所での児童虐待相談対応件数〈速報値〉」厚生労働省
（http://www.mhlw.go.jp/stf/houdou/index.html）
7) 文部科学省国際統括官付「持続可能な開発のための教育（ESD）について－あなたの毎日が、未来になる－」平成26年5月21日文部科学省国際統括官付資料
（https://edu.env.go.jp/conference/files/esd10_03/reference_04.pdf）

●○● コラム ●○●

少子化と保護者に寄り添う子育て支援

「節分の日は休ませようかと悩んでいます」という保護者がいた。話を聞くと、お正月が終わってから毎日のように節分はいつかと聞き、子どもが怖がっているということ。かわいそうだから休ませたいというのが保護者の主張であった。行事を通して文化や伝統に触れることは、園生活に彩りを与えるとともに、子どもの豊かな感性につながる大切な経験である。しかし、毎日子どもに泣かれるのは、親としては辛いようで、目の前で起こる大変さを取り除こうとするあまり、子どもの育ちを見るところまで視野が広がっていないのである。このように、子どもを思う保護者の願いが、子どもの成長する機会を奪うことにつながりかねない現状がある。

この事例では、節分に向け鬼の面や豆入れをつくったり、節分ごっこをしたりする中で、子どもの気持ちに変化が見られた。鬼を怖いと思っているのは自分だけではないということに気づいたこと、加えて一緒に鬼をやっつけようというクラスの雰囲気が頑張ろうという気持ちを後押ししたようだった。保護者もまた、子どもの話に耳を傾け、保育者とも様子を伝え合うことができていた。保護者や保育者、まわりの子どもとの信頼関係を支えに、子どもが自分の気持ちを調整し困難を乗り越えることにつながったのである。

少子化、核家族化などの社会の変化を受けて、子育ての知恵を得る機会が減少してきている今日、子育て世代をサポートする保育者の役割は大きい。何かあったらすぐにでも手を差し伸べたいと子どもを大切に思う保護者の気持ちを理解し、保護者の気持ちに寄り添いながら支援していくことが求められる。さらに、園での子どもの様子を丁寧に伝え、見守ってもらえるような関係をつくり上げることも重要である。

空をぐるぐる旋回するヘリコプターのように、子どもの問題を先回りして解決する保護者をヘリコプターペアレントという。減り続ける子どもの数を考えると、過保護・過管理になりすぎない子育ては、今後の課題である。

鬼の面をつくる（4歳児）

節分ごっこ（4歳児）

第3章 子どもの人間関係①
－おおむね0歳から3歳未満－

◆キーポイント◆

　人間は一人で生まれてくるが、一人で生きていくことはできない。生誕直後から自分以外の人間と生得的・経験的に関係をつくり、生活をともにしながら多くのことを習得していく。人間が「社会的動物」といわれるゆえんである。
　本章では、人格や社会性発達の基盤となる母親との間で、乳幼児期に結ばれる愛着関係の形成について、さらに情緒を安定させながら進んでいく自他への意識の発達について学ぶ。
　また、さまざまな人々との生活のなかで自己主張や自己統制し、人間関係を調整しながら自律的・道徳的に生きていくために必要な力について、発達的な視点から述べる。

第1節 ● 愛着と信頼関係の形成

1 ── 特別な関係である母子関係

(1) 愛着とは

　愛着とは、そもそも心の内面や外部からの危機的・緊張的状況において特定の対象とのかかわりを求め、それを維持しようとする傾向のことである[1)2)]。本章では、特に親子の間に形成される緊密で情緒的な「絆（きずな）」を意味する。行動の面では、愛着は乳児が特別な対象である養育者（本章では特記すべき場合を除いて母親とする）に対して注意を向け、後追いやしがみつきなどの反応として表される。乳児と母親の間のこのような絆は広範囲で、永続するものであり、互いに強い情緒を伴うものである[3)]。
　乳児期には、愛着の対象は母親など特定の養育者に向けられ、その関係を基盤として以降の人間関係が次第に形成されていく。そのため、母親などとの関係は特に重要で、愛着の形成が後の対人関係の安定性を決定づけることになる。しかし、母親との関係がその後の対人関係に影響を及ぼすことを認めながらも、以降に子どもがつくる社会的関係が母親との間に形成されるも

のとは異質であることから、社会的関係は独立して形成されるという説もある。また、父親や祖父母、きょうだい、仲間などとの間に築かれた自分と他者に関する期待や確信は、人とのかかわりや自らの情緒発達に混乱が生じた時に、それらを柔軟に回復・改善させるという説もある[4)5)]。

　愛着がどのように生涯にわたり連続して維持されるかについては定かでないが、以降の社会情緒的発達に関連するとされる。また、愛着形成以降の心理的側面への影響は、具体的な母親とのかかわりにより心の安定がもたらされる段階から、心にイメージとして母親をとらえることで心の安定を確保できる段階へと、加齢とともに安定的に変化していく。安定した愛着形成は、子どもの内面に不適応が生じた時に回復力や弾力性を与えてくれる。

(2) 愛着形成の起源となるもの

　愛着の起源については、以前には飢えや渇きなどの本能的な欲求の充足をもたらしてくれる対象への結びつき（二次的動因[※1]）によるものと考えられていた。しかし、ボウルビー（Bowlby, J.）の理論以降、愛着は生まれもった欲求として生じる（一次的動因）と考えられるようになった。

　その根拠として、生態学的研究から得られた二つの説があげられる。一つは、鳥類などが出生直後にみせる、最初に遭遇した対象を後追いするような行動（「刻印づけ（インプリンティング）」[6)7)]）である。二つ目は、生後間もない時期に母ザルから分離され育てられた子ザルの異なった条件をもつ代理母とのかかわり方を観察したハーロー（Harlow, H.F.）のアカゲザルの研究である[8)]。実験は、ミルクを与えてくれる金網や針金でつくられた模型の代理母と、ミルクの提供はできないが母ザルの体の感触に似た温かい布でつ

※1　二次的動因説（secondary drive theory）
従来、母親に向ける微笑みや泣き、後追いなどの行動は'依存性'と呼ばれ、乳児が飢えや渇きなどの生理的欲求（一次的動因）が媒介となって母親と緊密に結びつくようになるという理論。

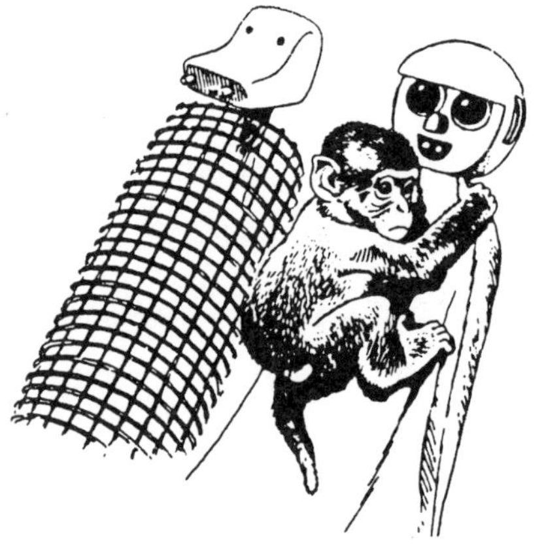

図3-1　代理母（Harlow, 1958）

子ザルがしがみついているほうの代理母は、柔かいテリー織で包んだ「布母」で、電気ヒーターで皮膚のぬくもりに近い感触が与えられる。左側のが「針金母」である。布母も針金母も哺乳管を着脱することができる。

くられた代理母への子ザルの行動を観察したものである。結果は、子ザルは摂食時以外、布製の代理母にしがみついて過ごし、時にはそこを拠点として探索行動をした。これらのことから、人間の乳児においても母親に愛着を求めて接近し、温かなかかわりを求めるうえで情緒が中心的な役割を果たすと考えられている。また、乳児が愛着行動により求めるものは、母親への接近そのものではなく、安心感を得たいという情緒によるものという説もある[9]。

以上のことから、愛着の目的は、初期には種の保存など生物学的・生存上の機能として生じ、後には安心感を得ようとするなどの情緒によって動かされるようになるということである。このように愛着の形成は、乳児と母親により協同で行われることから、互いの関係に大きく影響を受ける。

(3) 愛着形成のとらえ方

愛着の形成は、子どもが一方的に行っていくものではない。ポルトマン（Portmann, A.）がいうように[10]、人間の子どもはその他の哺乳類に比べて生理的に約1年間の早産の状態で生誕する（生理的未熟児）。そのため、新生児はその間母親からの手厚い養護を必要とし、それらを受けられやすい状況をつくり出すための生得的な力をもつ必要がある。つまり、子どもは将来自立していくための潜在能力をもちながらも、新生児期には自力で生命の保持すらできず、母親との協調的な関係を引き出すことではじめて生存できる存在なのである。

母子との依存的な関係を成立させるのは、母親から乳児への愛情や責任感だけでなく、乳児が意識的・無意識的に母親から愛情を引き出す作用にもよる。たとえば、乳児の「泣き、クークーという発音、喃語、微笑、しがみつき、授乳時以外の吸い付き、後追い」などの愛着行動には、母親との密接な接触をもたらす効果がある。つまり、愛着の発達当初にみられるこれらの行動には、結果的に母親からのかかわりを引き出す要素が備わっている。愛着行動は、初期には無意図的・無意識的なものであるが、後の成長や発達により愛着の目的を意識的に安心感を求めることに定め、接近しかかわろうとするような行動は、次第に目的や意図をもったものへと変化していくのである[1)2)]。

(4) 母親－子どもの間に形成される愛着の諸相

表3－1は、母親－子ども間における愛着行動の発達過程について示したものである[1)2)]。

愛着発達の方向性は、具体的な行動でのかかわりを求めるレベルから、心

のなかのイメージとして養育者の存在をとどめるレベルへと移行していく。子どもは母親との特別な情緒的関係をイメージ化し、それにより生活に生じる多様な危機的状況に対処し、心身の安定性を保つことができるようになる。つまり、乳児期初期に子どもが母親に包まれているという実感を十分にもちながら良好な愛着関係が築かれていれば、いつでも心のなかに「自分は愛され、見守られている」という母親のイメージを想定し、現実には傍らに母親がいなくとも不安や混乱を最小限にとどめることができる。結果として、子どもはさびしさを感じながらも次第に母親から離れて生活でき、園生活などを落ち着いて行うことができるようになる。それは家庭では経験できない保育者や仲間との学びの生活が可能になったことを意味する。

愛着の発達過程において、母親らは形成状況に注意をはらう必要がある。たとえば「再接近危機」などの問題がある。14～24か月のすべての子どもに生じ、子どもによっては強烈に生じる場合がある。母親に依存し接近したいという気持ちと自立して離れたいという思いを同時にもち、心が激しく揺れ動くのである。その結果、不安定な心理状態からかんしゃくを起こしたり、だだをこねたり、無力感におそわれたりする。また、強烈な分離不安が生じることから母親にしがみついたり、叩いたり、蹴ったりすることなどもある。これらは、この時期に生じる健全な現象だが、程度などが気になるようであれば早期に専門家の支援を受ける必要がある。

(5) 探索活動と母子分離にみられる愛着のパターン

愛着の質は個性的なもので、質に差が生じる要因は子どもの生得的な気質や生育環境、生育状況などによる[11]。愛着の質は三つに分類され、四つのパターンに分類される[12]。表3-2は、愛着の四つのパターンごとに特徴と個人差をもたらす子どもと母親の要因について示した。「無秩序な愛着」の型や過度な状況を除き、示された愛着のパターンは傾向として健常範囲内でみられるものである。

愛着の個人差は、母親や子どものもつ要因が互いに影響し合いながら生じる。母親の要因は、子どもの内面や状況を理解する「敏感さ」や、子どもから発信されるサインや行動にいかに適切に「応答」できるかにある。母親の側からの子どもの心情や行動に対する「感受性」や「受容や共感」と、子どもの側のそれに対する「母親の心情や行動への反応性」「母親が子どもとのかかわりに巻き込まれていくこと」が、相互に関係し合って要因となる。ほかにも、子どもの側の要因には、生得的な気質（ストレス耐性や苦痛の感受性、泣きやすさや気難しさなど）がある。愛着関係が子どもと母親の互いの情緒

表3－1　愛着行動の発達[1)][2)]

段階	発達の諸相（時期）	諸相の内容
第1段階	人物の識別を伴わない定位と発信 （誕生から生後8～12週頃）	人物の弁別能力（違いを見分けて区別する能力）に限界があるため、主たる養育者（母親など）以外の対象に対しても広く愛着行動を向ける。具体的な行動レパートリーは、追視、リーチング（ものに触れたり、手を伸ばしたりする）、微笑、泣き、発声、喃語などで、人の顔や声を知覚するとすぐに泣き止むことも多い。
第2段階	一人または数人の特定対象に対する定位と発信 （12週頃～6か月頃）	行動レパートリーは、第1段階からそのまま引き継がれているが、愛着を向ける対象が一人か数人（多くの場合母親）に絞り込まれてくる。視覚的・聴覚的にも特定人物の特徴を弁別的に知覚し、対象との間で特別に親密な相互交渉を展開するようになる。
第3段階	発信および移動による特定対象への近接の維持 （6か月頃～2、3歳）	さらに特定対象に対する選好が強まり、「人見知り」や「分離不安」が顕在化する。家族などの見慣れた対象が二次的な愛着対象となるが、見知らぬ人からの働きかけに対してはかたくなに応じないか、あるいはむしろ恐れや逃避の反応を示すようになる。運動能力も急速な高まりを見せ、ハイハイや歩行などによる移動が可能となることで、愛着行動のレパートリーもさらに多様化する。離れていく母親の後追いをしたり、戻ってきた母親にかけより抱きついたりするような能動的身体接触行動が顕著に増加する。また、母親と玩具などの目当てとなる対象との間を行ったり来たりしながら安心して遊ぶ様子にみられるように、母親を安全基地として探索行動をするような前段階にはない行動が見られるようになる。さらに、認知能力の発達により、母親などの特定対象の行動や自分が置かれた状況に合わせ、自分の行動プランをある程度意図的に調整・変更できるようになる。この段階では、まだ他者の感情や動機を読み取ることが困難なため、そうした行動の調整にも自ずから限界がある。
第4段階	目標修正的な協調性形成 （3歳前後～　）	特定対象と自分（の関係）に関する認知的なモデル（表象モデルあるいは内的作業モデル）が安定した形で機能するようになる。そのため、絶えず近接していなくとも対象は自分のところへ必ず戻ってきてくれる、何かあれば必ず助けてくれるという確信がもてるようになる。また、愛着対象が自分とは異なる意図や感情をもっていることに気付きはじめ、対象の行動をある程度予測できるようになる。すなわち、この段階になると、子どもは自分と愛着対象との相互の感情や意図の一致・不一致を敏感に察知し、それに応じて行動目標を適宜柔軟に修正することが可能になる。その結果、愛着対象との間で協調的な相互交渉をもつことが可能になる。この段階にいたって、泣き、発声、後追いといった具体的な愛着行動はしだいに影を潜め、愛着対象そのものの存在ではなく、内在化した愛着対象のイメージやモデルを心のよりどころ、安心感の源泉として、特定の愛着対象以外あるいは家族外の人物、仲間と幅広く相互作用することができるようになる。

※「定位」とは、特定の対象や刺激に対して注意や関心を示すこと。
※「近接」とは、対象に対して心理的・物理的に接近すること。
出典：井上健治・久保ゆかり編『子どもの社会的発達』東京大学出版会　1997年　p.11を一部改変。

表3-2　愛着の4つのパターンとその規定要因

愛着の質	愛着のパターン			
	不安/回避の愛着	安定した愛着	不安/抵抗の愛着	無秩序な愛着
子どもの分離や探索場面	○単独の探索 1 分離前の間、探索のために容易に分離する。 2 容易に探索に移る。 3 感情を伴う共有はほとんどない。 4 養育者が不在でも、見知らぬ人に親密な態度を示す（両者の間で選好性の違いはほとんどない）。 5 見知らぬ人によって慰められると、養育者の時と同じように容易に苦痛状態がおさまる。	○養育者という安全基地からの探索 1 玩具を探究するために容易に分離する。 2 容易に探索に移る。 3 遊びを共有することに対して感情表出を行う。 4 母親がいる時に見知らぬ人に対して親密度を示す。 5 苦痛状態に陥った時に養育者が慰めると容易に苦痛状態に収まる（再び遊びを続けようという気持ちがおこる）。	○探索の欠如 1 探索のために分離することが困難。分離中であっても接触を求めるようとする。 2 新奇な場面に対する警戒。 3 感情を伴う共有面はほとんどない。 4 見知らぬ人に対する警戒。 5 養育者にとっても見知らぬ人にとってもすぐには機嫌が直らない。	○すべての行動が無秩序・無組織的 ・行動に整合性や一貫性を欠いており、組織立っていない。例えば、近接と回避という通常どうしでのない情態が同時に活性化する。
母親との再会場面	○再会に際しての積極的な回避 1 そっぽを向く。視線を向けてしまう、離れてしまう。無視する。 2 接近と回避が混在する。 3 2度目再会時に回避することが多い。	○再会に際して安定化困難の相互作用を探究 1 養育者を探す。必要な時に養育者がそこに来てくれることを知っている。 2 苦痛状態に陥った時、ストレスを解消するのに有効な接触をたっぷりに求めていく。 3 苦痛状態に陥らなければ、積極的な歓迎の態度を示す（養育者に会えてうれしい様子を示したり、カップよい相互作用を開始する。	○再会しても安定化困難 1 顕著な消極的な態度を示す。 2 単に泣いたり騒ぎ立てたり続けるのみ。 3 接触の拒否と追求とが混在したり、けったり、ねじったり、はねつけたり、叩いたりする。	○すべての行動が無秩序・無組織的 ・行動に整合性や一貫性を欠いており、組織立っていない。例えば、近接と回避という通常どうしでのない情態が同時に活性化する。
規定要因　養育者	・子どもの行動や働きかけに対して全般的に否定的・拒否的な対応傾向。 ・子どもの愛着シグナルや近接が強いほど離れていく傾向がある。	・子どもの行動や働きかけに対して全般的に肯定的・受容的な対応傾向。 ・子どもの要求に敏感かつ応答。 ・養育者の行動に一貫性があり、予測可能性（統一性）が高い。 ・確かな信頼関係を基盤。	・子どもへの要求に適切に対応する場合もあるが、一貫性がない。 ・応答のタイミングのズレが多い。 ・親の対応（近接の維持など）の予測が子どもに困難。	・心の外傷から回復していない情態のや高い抑うつ傾向（抑えつけられているような、重い沈んだ内的状態）など精神的に不安定な情態。
規定要因　子ども	・「恐がりやすさ」の気質傾向が低い。 ・対物指向性（人よりも物に高い関心を寄せる傾向）が高い。	・適当な「恐がりやすさ」の気質傾向。 ・適当な「苦痛の感じやすさ（いらだちやすさ・ぐずりやすさ）」の気質傾向。	・「恐がりやすさ」の気質傾向が高い。 ・「苦痛の感じやすさ（いらだちやすさ・ぐずりやすさ）」の気質傾向が高い。	・日常的に虐待を受けている場合。

出典：W.Damon『社会性と人格の発達心理学』北大路書房　1990年　p.51および井上健治・久保ゆかり編『子どもの社会的発達』東京大学出版会　1997年　pp.11-18をもとに作成。

的な関係により生じることから、気質はそれらに大きな影響を与える[13]。そのため、極度に子どもの疳が強かったり、敏感であったりするなど、気質的・体質的に特殊な場合には、母子間の良好な関係がつくられにくいこともある。その場合、母親が子どもの不機嫌な理由を、親の責任や自分への否定的感情と受け取り、さらに状況が悪化することもある。そうした際には、専門家が「早期介入」を行うことで、母親に子どもには生得的な気質や体質があり、それは親の責任ではないことを理解させることができる。また、それらの状況への適切な対処法を母親などが学ぶことで状況の改善を実感でき、親のストレスが取り除かれることで、子どもへのかかわり方や考え方が変化し、親子の関係が好転する。

母子分離には物理的な距離の隔離ばかりでなく、幼児期によくみられる、きょうだいの誕生による心理的な別離などがある。新たに生まれた子どもの育児のために、これまで自分が受けていた母親からのケアが減少することで、「母親を奪われた」という孤独感や喪失感、不安感などの精神的な母子分離による混乱が生じる。これらのストレスに対しては、特別で慎重な配慮が必要である。

(6) 愛着と基本的信頼の関係

新生児には、母親など周囲のおとなの関心を引きつける生得的な能力がある。たとえば乳児期初期から、不特定であっても人間の顔や声に反応すること、眼前の人間の表情に同調し、模倣（新生児模倣）しようとすること、また就寝中や外部の適度な刺激に対して微笑むこと（自然的微笑）などがあげられる。これらのしぐさは無意識的・無意図的なものであるが、母親などに特別な情緒を生じさせる。情緒は母親に新生児の声やしぐさに応答しようとする気持ちを生じさせ、新生児が母親のこの働きかけに反応するという状況を生み出す。つまり、母親と子ども相互の同調的な情動的コミュニケーションの基盤となるやりとり（「エントレインメント」）を生じさせるのである。こうした子どもと母親による相互の身体的・情動的コミュニケーションを繰り返すうちに、子どもは母親に特別の情緒をもち、やがて基盤となる信頼感が育まれ、さらに明確な心理的絆である愛着関係が築かれていく。

上述した子どもと母親の有益で独特な心の同調を「シンクロニー」ともいい、子どもの社会性の発達の点からも重要な意味をもつ。こうした親子のタイミングのよい応答的で相互の反応が予測しやすいコミュニケーションであることに特別な意味がある。たとえば、子どもの発声やしぐさを母親が模倣し、その行為にさらに子どもが呼応し、楽しむためにさらに発声やしぐさが

相互に行われるような親子の行動のことである。子どもはこうしたかかわりにより、自分の起こした行為が予想通りに相手の反応を引き出すという経験を積み重ねることで、自己有能感（自分には周囲の状況を変化させる能力がある）の土台が築かれ、自分への信頼感が育まれていく。こうして培われた自己有能感は以後の行動への動機や自信となり、多様な成長・発達へと実を結んでいく[14)][15)]。

　好ましい親子関係により築かれた基本的な信頼関係の重要性は、エリクソン（Erikson, E. H.）の人格理論のなかにも示されている（図3-2）。彼は8つの段階の最初に「信頼対不信」をおき、子どもと母親のかかわりにより「基本的信頼感」が獲得されることが大切であることを示した。基本的信頼感の獲得により生涯にわたる健全な自己の発達の基礎が培われる。また、子どもが自己を認識し、自立していくためには、自分への自信が必要となり、それは周囲の環境（人やモノ）への信頼なくしては不可能である。基本的信頼感が獲得されるためには、まず乳児期に母親から、飲みたい時に授乳されたり、快く温かい世話を受けたり、心のこもったやさしい声をかけてもらう

		1	2	3	4	5	6	7	8
Ⅷ	円熟期（成熟期・老年期）								自我の統合 対 絶望
Ⅶ	成年期（成人期）							生殖性 対 停滞	
Ⅵ	若い青年期（前成人期）						親密さ 対 孤独		
Ⅴ	思春期と青年期（青年期）					同一性 対 役割混乱			
Ⅳ	潜在期（学齢期）				勤勉 対 劣等感				
Ⅲ	移動性器期（遊戯期）			自発性 対 罪悪感					
Ⅱ	筋肉肛門期（児童前期）		自律 対 恥と疑惑						
Ⅰ	口唇感覚期（乳児期）	基本的信頼 対 不信							

図3-2　心理社会的発達段階

出典：E.H.エリクソン『幼児期と社会』みすず書房　1977年　および『心理学COCOROの法則』「エリクソンの心理社会的発達理論」（http://rzt.sakura.ne.jp/shinri/001050/001110/）を参照し、作成。

などの受容と共感に基づく適切な養育が重要となる[16]。

　母親を識別でき、分離状態において泣きや後追いなどの情緒的な反応、人見知りなどが愛着行動として見られる頃になると、次第に子どもは母親に対して心のよりどころのもととなる基本的信頼感を築いていく。やがて、子どもは母親の存在を「安全基地」として心にとどめ、身のまわりのさまざまな環境とかかわり、自己活動や探索活動を行いながら多くのことを学んでいく。また、心身や五感などをもって周囲の環境とかかわることにより、それらを自分との関係において理解し、反面で自分の存在を個性的なものとして客観的に認識できるようになる。つまりは、子どもの個性化も、母親と子どもの確かな信頼関係の恩恵の一つといえる。

第2節 ● 人間関係の発達と情緒の安定

1 ── 情緒の発達と人間関係

　人間関係の発達のなかで、情緒の発達も大切な課題となる。情緒とは特定の刺激対象によって生じる比較的強い一時的な喜怒哀楽などの感情のことで、主観的であると同時に生理的反応を伴い、表情や行動などにより表わされる。
　情緒の表出も加齢と共に発達・変化していく。表3-3はブリッジス（Bridges, K.M.B.）の「情緒の発達過程」の説を整理したものである。情緒は刺激により生じるもので、乳児期初期には喜怒哀楽は並行的に存在し、以後の認知や社会性の発達により、さらに分化していく[9]。子どもの情緒は成人に比べて反応が強く、持続時間は短く変化しやすいが、加齢と共に表現は

表3-3　情緒の発達過程

時　　間	情緒の発達のようす
新生児期～	興奮状態 ↗ 不快 → 怒り、嫌悪、恐れ、ねたみ、へと分化 　　　　　 ↘ 快　 → 得意、おとなに対する愛情、子どもに対する愛情、喜び、へと分化
～2歳頃まで	基本的な情緒（喜、怒、哀、楽）が出現
幼児期～	羨望、失望、不安、羞恥、希望が出現
～5歳頃まで	おとなにみられるほとんどの情緒が出そろう

出典：山本多喜司編『発達心理学用語辞典』北大路書房　1991年におけるBridges, K.M.B.の説をもとに作成。

穏やかになり、持続時間も長くなる。たとえば、幼児期初期には自分の思い通りにならないと地団駄を踏んだり、母親や周囲の人に攻撃的な行動をとるなどの身体的・直接的な情緒の表出がみられる。しかし、それらは次第に悪態をついたり、ふてくされたりするような言語的・間接的な表出へと変化していく。こうした変化をもたらす要因は、言語能力や自分を統制する力、欲求不満にどれだけ耐えられるかなどにある。また、母親からのしつけ、友だちとの生活や遊びのなかで、感情を直接ぶつけることによる相手からの拒絶などを体験し、感情のコントロールの仕方に気づき、習得できるかに関係している。

　情緒の発達は、他者との関係によりもたらされる。そのため、好ましい情緒の発達をめざしていくためには、対人的にマイナスな情緒の抑制を直接目的にするよりは、多様な人間関係や豊かな生活体験のなかで、主体的・経験的に情緒のコントロールの仕方を気づかせていくことに重きを置くべきである。また、日常のさまざまな出来事のなかでの、子どもがみずみずしく細やかで生き生きとした感情体験を通して、まわりの人たちの多様な情緒を感じとり、適切な方法により自らの感情を存分に表出していくための保育者の配慮が必要である。幼児期には自力でうまく対応できないことも多いため、保育者などが見守り、自立をめざして適切にかかわることも求められる。

2 ── 受容されているという安心感

　子どもが安定した情緒で生活するには、周囲の人から自分は受容されていると感じられることが必要である。その基盤は母親と子どもとの愛着関係のなかにあり、こうした関係が築かれると、次第に母子間に「基本的信頼の関係」が形成されていく。基本的信頼の関係が適切に形成されなければ、子どもは自分自身や保育者、周囲の子どもなどを信頼することができず、社会的な関係を築いていくことは難しくなる。55ページの表3-1に示したように、愛着発達の第3段階（1歳前後）になるとハイハイや歩行ができるようになり、援助を受けながらも自力での移動が可能となる。この時期に生じる心身の発達ともあいまって周囲への探索行動も盛んになるが、人見知りや分離不安が出現し、母親との分離には困難を伴う場合も多い。母親の姿を目視しながら安全基地とし、周囲を行き来しながら探索活動を広げていく。しかし、愛着の形成が不適切で、母親から受容され、見守られているという安心感が子どもに育まれていなければ、母親から離れるのはさらに困難となる。強い母子分離不安が長期的に続けば、子どもの探索行動への制限や他者との人間

関係の広がりの妨げとなり、それらが生活や遊びでの多くの学びに影を落とし、結果的に成長や発達に重大なダメージを与える可能性も考えられる。

　幼児期になると、愛着は安定したものとなり、母親や保育者などのイメージを心にとどめ、さらに広範囲に探求活動を進め、友だちとのかかわりを求めるようになる。また、この時期、子どもは周囲の環境に能動的に働きかけ、発達に必要な経験を得ようとするようになる。能動性は周囲の大切な人に自分の存在や行動を認められ、温かく見守られ、受容されていると感じる時に発揮されるのである。

3 ── 居場所づくりと帰属意識

　人間の行動において原動力となる欲求は、生得的に生じ、生命の維持にかかわる生理的欲求（1次的欲求）と、社会生活のなかで自己との関係によって生じる社会的欲求（2次的欲求）とに分けられる。生理的欲求には食欲や性欲、活動欲、睡眠欲、排泄欲などがあり、社会的欲求には愛情や集団所属（帰属）、独立、社会的承認、成就等に関する欲求などがある。

　こうした欲求の段階を表したものに、マズロー（Maslow, A. H.）が示した「欲求段階説」がある。彼は生理的欲求と社会的欲求を人格発達の観点から階層化し、最も低次なものとして生理的欲求をおき、順に社会的欲求である「安全の欲求」「愛情と所属（帰属）の欲求」「自尊の欲求」、最上位に「自己実現の欲求」をおいた。下位の欲求の充足が、さらなる高次の欲求を生じさせるとした[17]。こうした、より高次の欲求を生じさせるために、低次の欲求の充足が確保されなければならないということは、基本的信頼の関係の形成に向けた生理的充足の不可欠さとも通じるものである。つまり、人間が社会的存在として生きていくことを前提とした人格の発達において、生理的欲求と社会的欲求は不可分であり、乳幼児期においては母親や保育者などがこれらの充足をいかに支援するかが問われる。

　保育において「居場所」という言葉は、表3-4に示したように子どもの生活の「場」や「状況」を象徴的に表すものとして使われる。つまり、それ

表3-4　居場所としての環境位相

「場」づくり	子どもが安定していられる空間環境
「状況」づくり	自分や友だち同士が互いに必要感をもって試したり、工夫したりできる空間環境や心理的環境
「情況」づくり	自分たちのもち合わせている気持ちや考えを伝え合ったり、受け入れ合ったり、認め合ったりできる暮らし環境

らはさまざまな子どもの成長や発達、生活場面に応じて多様な意味をもつ。居場所とは、幼稚園教育要領にも示されるように、幼児期に「ふさわしい生活」を営む場であり、安心して過ごす豊かな学びのある生活の場のことである。居場所は、マズローが示した社会的な欲求である安全の欲求や愛情と所属（帰属）の欲求の充足に関連するもので、より高次の自尊の欲求や自己実現の欲求へと続く大切な部分に関連する。母親や保育者が、子どもの生理的な欲求を充足させ、安全で安心して生活ができ、周囲の人たちに受容され、愛情をそそがれながら生活しているという実感が得られるようにしていくことである。さらに、母親や保育者が安全基地となり、直接的あるいは精神的な支えとなりながら、好ましい集団形成や集団の一員としての意識が育まれるように配慮することである。

図3-3　マズローの欲求の階層
出典：桜井茂男編『たのしく学べる最新教育心理学』図書文化社　2004年　p.45

　子ども個々の成長や発達、生活の様子などの実態により、居場所の意味は次第に変化していく。たとえば、乳児期初期の母親との密着から傍らになり、幼児期になると保育者の側やお気に入りの場になり、さらに気の合う仲間やクラスの友だちと過ごす生活の場へと変化していく。つまり居場所は、安心して過ごせる生活の場から、自分らしさを発揮し、みんなで楽しみながら過ごせる生活の場へと変化していく。また、成長の場としての居場所は、子ども自らが生活を広げながら周囲の環境へ興味や関心を広げ、人間関係の広がりや深まり、豊かな活動の場となっていく。これは乳幼児期の依存から自立への原動力として大きな意味をもつのである。

第3節 ● 自我の発達　－自己主張と自己抑制－

1 ── 自我の発達における自己感

(1) 自己感の発達

　自我は出生後、さまざまな発達とともに次第に形成されていく。表3-5

表3-5　自己感の発達

段　　階 （時　　期）	自 己 感 発 達 の す が た
新 生 自 己 感 〈sense of an emergent self〉 （～生後2か月頃まで）	直接的で全体的な知覚体験。生後3週間目になると、乳児は目隠しをして吸った乳首の形を目隠しをとった後でも別の乳首よりも長く注視するなど、二つの異なった知覚体験を自己の体験として関連づけることができるようになる。
中 核 自 己 感 〈sense of a core self〉 （2か月～6か月頃）	自分が何かをしているという「発動の感覚」や、自分が存在し続けているという「連続性の感覚」などを通じて、自己が他者とは別個の存在であり、一己の存在としてまとまりのある「身体的単位（中核）」であることを感じることができるようになる。
主 観 的 自 己 感 〈sense of a subjective self〉 （7か月～15か月頃）	中核としての自己感だけでなく、背後にある主観的精神状態に気づき、他者にも自分と同じような意図や感情があることがわかる。また、感情などの主観的体験を他者と共有できることを知り、それらをもとに他者との間で相互主体性をもったかかわりができるようになる。
言 語 自 己 感 〈sense of a verbal self〉 （生後2年目（13か月）頃～）	言語の発達に並行して、自己を対象化したり、言語的に表現したりすることできるようになる。18か月を過ぎる頃には、鏡像認知（鏡に映る虚像と実際の自分を関係的に認知できる）が成立する。また、日本語では少し遅れるが、一人称代名詞（わたし、ぼくなど）や名前の使用などが可能となる。名前の使用については、18か月前後から自分の名前や友だちの名前を言いはじめる。その頃から、自他の所有物の区別が理解されはじめ、自分の大切な道具や遊具（自分だけのもの）ができてくるなど、自己の領域が生活のなかで明確に拡大していく。ほかにも、はにかみや恥じらいなど自分を意識した情動による行動もみられるようになる。

出典：井上健治・久保ゆかり編『子どもの社会的発達』東京大学出版会　1997年　pp.90-92の自己の発達に関する記述を整理し、表にまとめた。

に示したように、生誕後しばらくは自分と自分以外の存在とは区別されておらず混沌としているが、周囲の人との情動的コミュニケーションによるやりとりはすぐにはじまる。その後、こうしたかかわりをもとに母親との愛着関係を形成し、次第に自他の区別ができるようになっていく。さらに、自らを主体として、他者を自分と同じ存在として認識できるようになり、かけがえのない存在としての自己（自分とは何か）が実感されていく。つまり、自我の確立は自己の発達過程において形成されていくのである。

(2) 自己主張

①関係性からの自我の芽生え

　探索活動の開始は周囲の世界への興味や関心を飛躍的に広げ、母親から離

れて探索する場面が多くなり、結果として母子分離が進んでいく。

　2歳頃になると自己主張がはじまる。自己主張は自我の芽生えにより自分という存在への意識化が進むことで生じ、自己主張をすることでさらに自我や自己が確立されていく機会を生み出す。つまり、しっかりと自己主張をすることが自我の発達につながることになる。この時期の子どもは、「どれもこれも自分のもの」「自分だけの力でしたい」「どうしても、今したい」「自分の思い通りにしたい」などの思いを強くもち、それらを主張する。

　しかし、反面で「自分だけでできるだろうか？」などと一人でやることに躊躇したり、思い通りにならないことで混乱したりすることも少なくない。自我の芽生えが進むなかで、矛盾するようであるが「お母さん（先生）と一緒ならできるかもしれない」「お母さん（先生）がみてくれてるからやってみよう」というアンビバレント（二律背反）な思いのなかで自己主張を行う。依存と反抗を繰り返しながら、子どもはやがて母親や周囲の子どもなどの思いや考えの存在に気づき、お互いが主体である関係に移行していく。また、この時期になると「私が」（主格）と「私の」（所有格）としての自己が確立し、「自分」という自己の固有性に明確に気づくようになる。

②**自分らしさの育ち**

　図3-4は、年齢によって遊びの対象が変化する状況を示したものである。3歳頃を過ぎると、子どもは次第に母親から離れて生活するようになり、母親以外の周囲の他者と積極的なかかわりを求めるようになる。この時期、十分ではないが言葉を使用した生活が活発になり、言葉が次第に生活のなかで洗練され流暢になることで、自己主張や他者理解のためのコミュニケーション能力は一気に進展していく。そうしたなかで、周囲の子どもの言動に興味

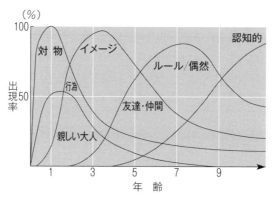

遊びの対象の変化を波で示している。各対象をまず探索した後、その対象で遊ぶようになると考えられている。そして、その対象をマスターした時点がその活動の頂点となり、その後は衰退していく。また、波と波の重なりは、ある時点での遊びは次の時点での遊び対象を探索することを同時に含んでいることをあらわしている。

図3-4　遊びの発達的変化の"波"

出典：中野茂「遊びの発達心理学研究はどの様な可能性と問題点を持っているか－理論的考察」『藤女子大学短期大学研究紀要23』　1985年　pp.43-65を一部改変

や関心を示し、同じようにふるまうことで相手も自分と同じような存在であることに気づくようになる。また、遊びや生活を共にすることで相手のイメージに気づき、共有したり、共につくったりして遊ぶことができるようになる。さらにこの時期には、イメージをモノや人に置き換え、見立てやふりなどを取り入れた「ごっこ遊び」をしたり、過去の記憶を遊びのなかで再現・活用したりして遊ぶことができるようになる。ほかにも、自分と他者の考えや思い、活動の様子や仕方などの違いに気づいたり、周囲の子どもと同じように「できる自分」と「できない自分」に気づいたりしながら、さらに深く他者と異なる固有な存在としての自己を認識していく。それは、「自分らしさ」や「自分はまぎれもなく自分である」という意識への芽生えを育み、明確な自分らしさが形成されるとともに、他者への関心もさらに深められていく。

ごっこ遊び

　4歳頃を過ぎると、子どもは思いやイメージを言葉で表現できるようになっていく。自分がすでに認識していることやモノ、人、以前の経験などをイメージ化し、自分本位で論理的には不十分であるが筋道をたて、自分中心ではあるが他者などの存在を関係づけて認識できるようになる。たとえば、自分を軸に「こっちとあっち（空間・位置的関係）」「今とこれから（時間的関係）」「こうしたらこうなる（因果関係）」などの認識がなされるようになる。

　自己を個性的な存在として認識できるようになると、周囲の人の関心を集め、「りっぱにできるところをみてほしい」「できたことをほめてほしい」などの賞賛や承認を求めるようになる。また、競い合いのなかで「誰にも負けない」「自分はこんなにすごい」という自己の「よさ」を誇示し、相手に認めさせようとするようになる。さらに、言葉による他者とのかかわりへの動機や能力が高まることで、会話の楽しさを感じることや遊び場面の調整、イメージの共有などが可能になる。この時期、他者からの賞賛や承認は自信を高め、深まりはじめた友だちとのかかわりにより、自己の内的世界をさらに豊かにイメージできるようになる。

　周囲の人たちの支えにより、子どもは自信などの自己に対する肯定感をもてるようになり、活発に活動するようになるが、周囲の子どもとの意思疎通は困難を伴うことも多い。自己中心的の活動意欲や友だちと一緒に遊びたいという思いは、遊びや生活のなかで子ども同士の自己主張による衝突やいざ

「これどうだろう」「どれどれ」

こざ、トラブル、葛藤を誘発する。コミュニケーション能力の限界や相手に対する理解不足から、子どもだけの力ではどうにもならない状況も頻繁に生じてくる。4、5歳にかけて、子どもは信頼を寄せる親や保育者を社会的な行動のモデルとしながら、自ら判断、統制し、状況に応じた行動がとれるような自律性を身につけていく。そうした経験から相手への理解が進み、相手を受け入れたり、相手に便宜を図ったり、受け入れられたりすることで、相手への信頼や自己抑制ができるようになる。それらは、今後の複雑で多様な社会的関係のなかで生きていくうえで必要なコミュニケーション能力や社会的モデルを育み形成していく。

③自分を客観視する自己の誕生

　子どもは4歳頃になると、盛んに競い合い、自己を誇示・拡張しようとするようになる反面で、「自分にはできないことができる他者」や「自分が関心あることを自分よりもよく知っている他者」などの存在に気づくようになる。こうした心情は、他者へのあこがれや期待となって膨らみ、「いつかぼくも○○のようになりたい」という思いとして自己に取り込まれていく。これは実際の自己のほかに「できる自分」として自己のイメージが生み出されたことを意味し、よりよく生きるための心情や意欲、態度を形成するうえにおいての源泉となる。

　5歳頃になると、概ね対等な関係で集団をつくり、共通のテーマや役割をもち、協力して組織的に遊ぶことができるようになる。役割のある組織的な遊びをするには、相手と適切なコミュニケーションをとりながら、相手の立場に立って考えや思いなどを深く理解する必要がある。また、目的のある遊びをするにも、相談しながら互いが補い合う関係でなければならない。さらに、共通の目的をもち、協同して作業を進めるということは、相手の立場や相手からみた自分の立場の両方を認識することを意味する。それらを同時に行うことは、他者の立場から物事を判断し、期待や要望に応える自分の存在をさらに意識することである。たとえば、それは母親や保育者から期待される思いや願いを知り、自己を統制・抑制し、求められる自分になろうとすることである。つまり、「願われる自分になりたい」という気持ちにより、「あるがままの自己」を「あるべき自己」へと変革していくことである。そうしたなかで、子どもは生活習慣や規範意識、道徳性の芽生え、好ましい対人行

動などを学んでいく。

　子ども同士の関係は、さらに広がりと深まりをもつようになり、自己の存在を「集団と自分」「集団のなかの自分」の二つの視点からとらえられるようになる。また、自分自身を統制する力を習得することで、約束やきまりなどを守ろうとし、自分の気持ちや行動を調整できるようになる。このように、周りの人々を意識し、きまりや規範にあわせて自己統制や抑制、葛藤を自らで処理する力を身につけていくことが、道徳性の芽生えにつながっていく。自分なりに周囲の状況を判断し、自分のあるべき姿を考え実践することで、いつしか自らも納得でき、誰からも認められる言動がとれるようになる。その過程のなかで、自分に誇りをもつなどの自尊感情の芽生えが促され、愛他的（人の役に立とうとすること）な心情を確かなものとして培っていくのである。

2 ── 自己調整

(1) 情動の調整

　情緒の安定や良好な人間関係をつくるために自己を調整していくことは大切である。なかでも、社会生活を送るにあたって、自らの否定的な情動（感情）を自らで調整する力を培うことは不可欠である。情動調整の発達は、初期には生理的不快を快に導くなかで育まれ、誕生後１～３か月頃には分化したいくつかの情動を微笑み、泣き、怒りなどにより表すようになる。また、母親は子どもが頭を動かす・手を口にやる・指吸いなどの反射行動により苦痛を遠ざけようとする際に、コミュニケーションをとりながら、そうした情動調整、自己調整を学んでいく機会を無意識的につくっている。その後、子どもが目をそらす・凝視する・部分的に体を動かすなどの随意的行動（したいようにする）が可能になると、母親はそうした動きを受容し、体に触れたり、声をかけたりするなどの応答をしながら情動調整に導いていく。

　３か月から７～９か月頃になると、母親と子どもによる明らかな情動調整が表れてくる。それらは子どもの表情などがかかわりのきっかけとなり、母親とのやりとりを増大させる。５か月頃になると、そうした行動はさらに意図性を帯び、子どもは母親からの反応を求めて泣いたり、視線を投げかけたりするようになる。つまり、子どもが空腹やさびしさ、痛みなどから生じる情動を泣くなどのシグナルによって母親に伝えることが他者の支援を引き出し、精神的・肉体的な不快を快にかえる情動調整の手段であることを学ぶ。

情動調整の発達は、子どもがどれだけ母親にわかりやすくシグナルを発信できるか、また母親がどれだけ子どものシグナルを敏感に受信し、適切に応答できるかにかかっている。

　生後1年頃を過ぎると、さらに手段－目的関係（「こうすれば、こうなる（してくれる）」）を意図した情動の調整が行われるようになる。意図的に情動を伝えるために泣いたり、ぐずったり、手足や身体を動かしたりするほか、退屈になると自らの身体やモノを触ったりすることで気をまぎらわすようになる。一方、母親は子どもの様子にあわせて情動の表し方や調整の仕方についてモデルを示し、子どももそれを受け入れて調整方法を学んでいく。こうした過程で、子どもが発信するシグナルに母親が反応や応答しない状況が続くと、無気力・無反応な子どもになりかねないし、状況が常態化した場合には子どもの広範囲な心身の発達に影響を与え、場合によっては命にかかわることすらある。

お人形をつれて

　生後2〜3年頃になると、否定的な情動の原因を理解して自分で癒したり、排除したりできるようになる。この時期の特徴的な情動調整に、毛布やぬいぐるみなどの愛着の名残の品に情動を移入する「移行対象※2」によるものがある。また、この時期になると、子どもからの情動に関する訴えや母親・保育者などからの調整方法を言葉によって行うことが可能になるため、情動調整の発達が著しく進んでいく。自我の芽生えによる「自分の力で何でもやりたい」という子どもの思いは、時に母親や保育者などから要求される社会規範や生活ルールなどと対立し、イライラが反抗という形で表され、周囲の人々との軋轢を生むこともある。しかし、それをこえて「みんなと私と」という集団欲求も同時に芽生え、適切な情動調整の発達へと進展していく。

　以上のように、子どもが周囲の人々の情動や願い、思いを理解し、自らの情動を調整できるようになるには、まず母親や保育者がそれぞれの調整の発達段階で子どもの情動を十分に表出させ、豊かな感情体験ができる生活を提供することである。また、そうした生活のなかで、子どもと周囲の人たちが量的・質的に豊かなコミュニケーションをもってかかわることである。さらに、子どもが自分の責任で行動し、その結果としてよいこと（うれしいこと）も悪いこと（つらいこと）も自らが受け入れていくなかで、周囲のおとなが調整の仕方を一方的に求めず、子どもが主体的にその方法を見つけ出せる環境づくりと心理面への支援をしていくことが肝要である。

※2　移行対象（過渡的対象）
乳幼児が特別に愛着を示す無生物の対象物（毛布やタオル、ぬいぐるみなど）を指す。

(2) 衝動の統制

「衝動の統制」とは、情動に左右され発作的に行動する心の動き（衝動）をいかに統制できるかということである。人間には多様な状況下で情動に基づいて行動しようとする衝動欲求がある。しかし、文化性や社会的状況にあわせて、「衝動を行動に移すかどうか」や「いつ行動に移すか」をその都度判断しなければならない。いわゆる「キレる」問題などは、これらの未発達に起因するところも大きい。

衝動統制には「誘惑への抵抗・満足の遅延」と「応従」とがある。誘惑への抵抗・満足の遅延とは、不適切な衝動による行動欲求などをあきらめることや、欲求を抑えて行動に適切な時期を我慢して待つことができるかということである。たとえば、病院で走り回りたくなった時にあきらめられるか、あるいは外に出るまで我慢できるかということである。つまり、「やりたいこと」を、いかに「してはいけないこと」としてあきらめたり、「後でできること」として我慢できたりするかということである。これらに関する発達は、母親の子どもの心情への感受性や応答の適切さ、子どもとの約束の遵守などの養育態度が要因となる。愛着形成期において、子どもの母親へのイメージが肯定的・受容的なものであれば、満足の遅延場面で「ほしいものは後で必ずもらえる」「我慢していれば、必ず約束は守られる」と安心して待つことができるのである。

応従とは、自分の衝動欲求に対して、その意に反するおとななどの指示に従い行動できる（しない）かという意味である。たとえば、走り回りたいと思っている子どもが母親の「病院で走り回ってはいけない」という指示や説得に従い、走り回るのをやめるといった状況のことである。応従は1歳頃までに出現し、18か月頃までには母親からの禁止や指示、理由づけが理解できるようになることで、それに従うことができるようになる。2歳頃になると、「してはいけないこと」に対しては、遅延や監視などがなくとも期待される行動がとれるようになる。さらに3歳頃になると、以前の経験をもとに対応・方法を考えだすことや、自分の行動や内面を深くみつめる（「内省」）などにより柔軟に行動できるようになる。母親のしつけ態度が、過剰に介入・干渉・保護的であれば、衝動統制全体の発達に悪影響を与えるため、日頃から子どもを主体としつつ生活を支援していく態度が重要である。

(3) 目的達成に向けての調整

子どもは次第に目的をもって生活するようになるため、我慢したり、繰り返し練習したりするような、困難を乗り越えて遊びや生活をすることを経験

していく。目的達成に向けて自己調整ができるようになるには、自分の能力を客観的に判断することや、達成に必要な能力などのコストの算出と方法の策定、それらと自分の能力との比較に関する能力などが必要となる。

これらの発達に関する最初の段階は21か月以前にはじまるが、自分が行為の主体であることをただ楽しんでいる段階である。2歳頃になると、課題を解決するための体系的な取り組みの萌芽がみられ、30か月を過ぎた頃から安定してくる。第2段階は2歳前から3歳過ぎ頃までで、おとなからの反応を予想し、成功による賞賛を求め、失敗による叱責を回避しようとするようになる。第3段階である3歳過ぎ頃以降になると、次第に周囲のおとなの反応を行動に取り入れたり、自立的な評価ができたりするようになる。また、行為を行う場面でうまくいかなければ、かんしゃくを起こしたり、ふてくされたり、自分の遂行能力への不満を表したりするようになる。このように自分を客観視できるようになることから、3歳後半頃から競争心が芽生え、負けが決まると課題の遂行を休・停止したりするようにもなる。さらに、3歳頃には、自己評価と情動の表出が関連をもち、課題の難易度により成功や失敗時の情動表出の程度が異なってくる。

幼児期には、達成課題の遂行過程で成功や失敗を「よい・悪い」と価値づける傾向がある。これは課題の達成場面での自己評価と、日常生活のしつけ場面等での自己評価が混同されていることによる。そうした点から考えれば、母親や保育者は日常の生活習慣の習得場面においても、強制や強圧的な外的強化を控え、子どもの自発性や自主性、主体性を尊重した生活を支援するよう配慮しなければならない。

(4) 自己調整の要因

自己調整をもたらす要因に「統制感」がある。統制感とは、自分にとって生活世界は安全で安心できるところという感覚や、必要に応じて周囲の環境や状況を自分の力で変化させることができるという感覚のことで、有能感ともいわれる。統制感をもたらすものは、次の生得的な四つの感覚（「安全感覚」「随伴感覚」「効力感覚」「主体感覚」）で、それらが相互に関係をもって複合的に機能し、具体的な問題解決が行われる。

安全感覚とは、生活環境と自分との関係を楽観視できる感覚で、いつも安心して生活できるという安堵感のことである。不安や恐れにさいなまれていては自己を十分に発揮して生活できないが、安全感覚があればストレス状態に陥った場合でも楽観的に希望をつなぐことができる。次に、随伴感覚とは、自分の行動に結果が伴ってくるという感覚である。何かを成し遂げようする

場合、それらが偶然や他者の力で達成されたのであれば無力感にさいなまれる。効力感覚とは、遂行において結果を生み出すための活動サンプルや課題遂行に見通しをもっているという感覚である。目標達成のための方法や目算がなければやる気は生じない。最後に主体感覚とは、自分の意志で行動を選択し、遂行しているという行動への主体感である。課題が強制的に課されたものであったり、興味や関心がもてないようなものであれば、積極的に取り組もうとする心情や意欲は生じにくいのである。

● 「第3章」学びの確認
①母親と子どもの間に築かれていく愛着の形成過程について整理してみよう。
②自分という感覚はどのように育ち、情動や行動の調整はどのように獲得されるのかについて整理してみよう。
● 発展的な学びへ
①赤ちゃんと母親の間で交わされる情動的コミュニケーションの内容について詳しく調べてみよう。
②エリクソンなどの自我の発達に関する理論について詳しく調べてみよう。

引用・参考文献

1) Bowlby, J., *Attachment and Loss. Vol.1.* : Tavistock Institute of Human Relations, 1982. (黒田実郎・大羽蓁・岡田洋子・黒田聖一訳)『母子関係の理論Ⅰ愛着行動』岩崎学術出版社　1991年
2) Bowlby, J. *Attachment and Loss. Vol.1 and 2.*: Tavistock Institute of Human Relations, 1982. (黒田実郎・岡田洋子・吉田恒子訳)『母子関係の理論Ⅱ分離不安（新版）』岩崎学術出版社　1991年
3) Ainsworth, M. *Infancy in Uganda: Infant Care and the Growth of Love.* Baltimore: Johns Hopkins University Press, 1967
4) Lewis, M Social development in infancy and early childfood. In J. Osofsky (Ed.), *Handbook of infancy* (2nd ed.). Wiley, 1987.
5) Leiderman, P. H. Relationship disturbances and development through the life cycle. In A. J. Sameroff & R. N. Emds (Eds.), *Relationship disturbances in early childfood.* Basic, 1989.
6) Hess, E. Ethology and developmental psychology. In P. H. Mussen (Ed.), *Carmichal's Manual of Child psychology* (Vol.1) (3rd ed.). New York: Wiley, 1970.
7) Lorenz, K. *Studies in Animal and Human Behavior.* Cambrige, Mass.: Harvard University Press, 1970.
8) Harlow, H. F. The nature of love. *American psychologist,* 1958
9) Sroufe, L. A., & Waters, E. Attachment as an organizational construct. Child Development, 1977.
10) ポルトマン（高木正孝訳）『人間はどこまで動物か－新しい人間像のために－』岩波書店　1991年（Portmann, A. 1951）

11) Bowlby, J. A secure base: *Parent-child attachment and healthy human development.* Basic, 1988
12) Ainsworth, M. D. S., Blehar, M. C., Waters, E. & Wall, S. Patterns of attachment: A psychological study of strange situation. Lawrence Erlbam, 1978.
13) Kagan, J. *the nature of the child.* Basic, 1984
14) Petit, G. S., Harrist, A. W., Bates, J. E. & Dodge, K. A. Family interaction, social cognition and children's subsequent relations with peers at kindergarten. Journal of Social and Personal Relationships, 1991.
15) Isabella, R. A. & Belsky, J. Interactional synchrony and the origins of infant-mother attachment: A replocation study. Child Development, 1991.
16) エリクソン（仁科弥生訳）『幼児期と社会１』みすず書房　1977年
　　　（Erikson, E. H. Childhood and Society, W. W.W. Norton & Company, Inc, 1950.）
17) マズロー（上田吉一訳）『完全なる人間』誠信書房　1964年（Maslow, A. H. *Toward a Psychology of Being,* D. Van Nostrand Co. Inc., 1962.）
18) 井上健治・久保ゆかり編『子どもの社会的発達』東京大学出版会　1997年
19) 心理学COCOROの法則：エリクソンの心理社会的発達理論
　　　http://rzt.sakura.ne.jp/shinri/001050/001110/
20) デーモン（山本多喜二編訳）『社会性と人格の発達心理学』北大路書房　1990年
　　　（Damon, W., *Social and Personality Development,* W. W. Norton & Company, Inc., 1983.）
21) 山本多喜司編『発達心理学用語辞典』北大路書房　1991年

第3章●子どもの人間関係①－おおむね0歳から3歳未満－

●○● コラム ●○●

子どものウソ

　子どものウソには、記憶違いや思い込みによる勘違いのウソ、自ら抱いた願望や希望が膨らみ想像と現実とが混同することによるウソ、そして、自らの保身のために事実とは異なることをいうウソがある。時には自らの保身ではなく、身近な人をかばうためにウソを言う場合もある。

　勘違いによるウソは、あくまでも自分が言っていることが事実だと思っている。このような勘違いによるウソに対しては、話を聞いたうえで、実際はどうなのかをおとなが一緒に見たり、試したりすることで、物事の仕組みや法則への関心が育まれることにもつながる。

　自ら抱いた願望や希望が膨らみ想像と現実とが混同することによるウソは、想像力と言語能力が発達を遂げる3歳から4歳ごろから見られるようになる。想像による空想の世界と現実の世界の境界がなくなることによって生じるこのウソは、成長とともに想像と現実の境界がはっきりするとなくなっていく。成長過程でのその時期特有の子どものファンタジーとして、子どもの世界観を楽しんでかかわることが大切である。

　自分の保身のためにつくウソには、叱られるのが怖い、自分を見てほしいという気持ちが潜在しており、自分が周りからどのように見えるのかを意識し始める5歳ごろから見られるようになる。子どもが必要以上に厳しく叱られて恐怖心を抱いていたり、愛情不足を感じていて寂しかったりするときにつくウソであり、おとなが子どもとのかかわりを見直す必要がある。子どもとゆったりとかかわり、関係性が改善されたときに保身のためのウソはなくなる。また、注意をする場合にはウソを言われた気持ちを伝えるなど、責めすぎないようにし、正直に言えた時にはしっかりとほめるようにする。そうすることで、関係性に安心して、どういう状況でも正直に話せるようになるのである。

　時にはおとなのまねをしてウソを言う場合もあるので、おとな自らが子どもに対してウソを言わないように、言動には気をつけなければならない。

第4章 子どもの人間関係②
ーおおむね3歳以上ー

◆キーポイント◆

　けんかやいざこざといったトラブルへの対応は、保育のなかでとても難しい。けんかやトラブルがけがにつながるような場合、保育者は非常に気を遣う。しかし、けんかやいざこざやトラブルを体験することで、人とのかかわりにおいて大切なことを多く学ぶ。
　本章では、他者とのかかわり、道徳性と規範意識の芽生えについて学ぶ。これらは、友だちとさまざまな体験を重ねることを通して関係が深まる中で、かかわり方やきまりを守る必要性がわかるようになる。友だちと一緒に心地よく生活したり、遊びをより楽しくしたりするために、自分の気持ちを調整し、折り合いをつけながら、きまりをつくったり、守ったりするようになることを理解しよう。

第1節 ● 他者への意識と協同での生活や活動、自律の芽生え

1 ── 他者意識の形成

　子どもが他者とかかわる力を培うには、さまざまな状況下で多様な集団（社会的カテゴリー※1）に属する人々とかかわり、それらとのかかわりに必要なスキルを繰り返し経験的に学んでいくことが求められる。他者との関係性の広がりは、物理的・精神的に距離の近い母親や家族などから、距離のやや遠い友だちや地域の人などへと進んでいく。

　他者意識の形成は、まず乳児期初期の母親との愛着関係からはじまる。生後1か月頃以前からの母親などおとなへの注視、2か月頃の発声を伴った他児への注視、3か月頃の注視や発声、微笑、リーチング（腕をのばす）などが協応的に出現する。4か月頃になると、おとなから他児への声かけに対して、その子を注視するなどの応答的行動が生じる。さらに、3、4か月頃になると、他児をみる行動や他児・おとな・モノなどの同一対象に複数の子どもが同時にかかわるなどの一斉行動が生じてくる。それらの子どもに相互のかかわりはないが、興味の共有という点で仲間関係成立の前段階とみられる。4、5か月頃になると、他児をみるといった行動の増大や視線でのかかわり

※1 社会的カテゴリー
他者や自己を認知するために用いられる性別、年齢、性格、職業などの社会的関係からの枠組みを指す。幼児期には、ほかにも、性格特性によるカテゴリー（泣き虫、怒りん坊など）や社会的地位に関するカテゴリー（リーダーとフォロアーなど）なども含まれる。

第4章●子どもの人間関係②－おおむね3歳以上－

が生まれるが、6か月頃にはじまる人見知りにみられるように、母親との関係が中心で、他者との関係づくりはまだ容易ではない。6、7か月頃以降の運動能力や多様な発達による探索運動の活性化から、周囲のモノ・人との接触機会の増大や母親との接触機会が増加し、触られ、触り返すなどの動作による身体的かかわりが盛んとなる。また、玩具のとりあいなど、モノを媒介としたかかわりもみられるようになる。8か月頃においてもそれらは持続し、10か月頃になると急増していく。

　1歳頃になると、仲間同士で意図をもち、かかわって遊ぶ姿がみられるようになる。この時期の遊びの役割関係は、「模倣的役割（遊び内容に関する音声や動作の模倣、相手の行為の模倣）」から「相補的役割（相手の始めた行為をともに完結させる）」へ、「さらに進んだ相補的役割（相補的な役割交替）」の順で進行していく。意図やテーマなどの目的の共有は、12か月頃ではモノの交換やとりあい場面でのみ生じ、15か月頃になると互いに声をかけ合い、模倣し合うようになる。18か月頃になると、同じことをテーマにした遊びを共有するようになる。15～24か月頃になると、意図の共有が必要なゲーム遊びなどをする時は、周囲のおとながゲームの内容を伝えたり、進行を補助したりする必要があるが、子ども同士で遊ぶことができるようになる。

　2歳前後頃には、同年齢の子どもに強い興味を示すようになるが、他者の気持ちを十分に理解できないため、うまくかかわりを成立させることが困難である。また、言葉で自分の気持ちを適切に伝えられないため、かみついたり、乱暴したりすることも頻繁である。この時期になると徐々に周囲の子どもも自分と同じような存在だと気づくようになり、共感や同じ遊びを楽しむことの喜びも格段に大きくなっていく。「周りの子どもがやっていることが楽しそうだから自分もしたい」という思いのなかで、「自分が」という自己中心的な思いの強さから相手の気持ちを理解することができず、頻繁にトラブルが生じてしまう。

　3歳頃になると、遊びや活動の場、イメージを共有し、一緒にいることでつながることができるようになるが、子ども同士は共通の目的をもって遊ぶのではなく、それぞれが異なった思いをもってのぞんでいる。その後、次第に遊びの場やものを共有しながら、一緒にいるという雰囲気を楽しめるようになり、人間関係が広がっていく。しかし、発達の姿における個人差や自己主張の強さ、自己抑制がきかないこと、言葉での自己主張が苦手なこと、などにより争いは多く、激しいものとなる。しかしながら、徐々に他者の思いを知り、他者の要求を認めながらかかわりを広げていく時期でもある。自分が好きなことをするだけでなく、仲間の思いを知り、共に楽しめるようにな

友だちといっしょに

ることから、集団での遊びが盛んになってくる。不器用なかかわりのなかで、子どもが互いに自己主張し、折り合いをつけていく過程そのものが大切である。やがて生じてくる言葉でのコミュニケーションの発達ともあいまって、「私の楽しみ」が「私たちの楽しみ」へと変化していく。

4歳頃になると、自分と周囲の人やモノとを関係づけて認識できるようになるが、相手の立場にたって考えたり、判断したりすることはまだ難しく、自分本位の考えや論理性に欠ける判断、行動も多い。また、活発になった友だちとのかかわりにより、物事の善悪やしてよいこと悪いこと、遊びや生活のきまり、約束などについて理解できるようになる。さらに、母親や保育者、友だちなどからの期待に気づき、それに応えようとするようにもなる。みんなと自分との関係から自分の行動に価値づけができるようになり、「認めてほしい」「ほめてほしい」などのように周囲の目を意識し、期待に応えようとするなど他者への思いも高まっていく。意識の対象も母親や保育者から仲間やクラスの友だちへと広がっていく。

5歳頃になると、友だちの存在はさらに大きくなり、自分との関係においてさらに内面的に深くとらえられ、友だちとの関係のつくり方や互いの集団のなかでの地位や役割関係について変化が生じてくる。安心して自分を出せる気の合う仲間との関係から、仲間の友だちやクラスの友だちなどへと関係を広げ、自分との関係性に応じて人間関係を営んでいくことが求められるようになっていく。そのため子どもには、多様な関係にある他者とのかかわりを通して、互いに思いや要求を受け入れ、受け入れられること、葛藤やトラブル、互いに受容や共感し合うこと、などのつらさや心地よさを実感できるような経験を積み重ねていくことが大切である。

2 ── 協同生活や活動

※2 第9章第5節「協同性を育む」も参照（p.163）。

協同[※2]で遊びや生活・活動ができるようになるのは、4、5歳頃になってからである。保育や教育において「きょうどう」は多様な漢字表記であらわされ、それぞれ異なった意味で使用される。「共同」とは「二人以上の人が仕事を一緒にすること」とされ、一緒に何かをしているという「様子」をあら

わす。次に「協同」は、「二人以上の人が力をあわせ、役割を分担しながら仕事をすること」とされ、相互が機能し合いながらことにあたるという積極的な状況をあらわす。また、「協働」は「一つの目的を達成するために、各部分やメンバーが補完・協力し合うこと」とされ、協同よりもさらに相互の結びつきや目的の共

みんなでつくる

有を強調した動的なとらえ方になる。子どものなかの「きょうどう」の姿は、関係性にもよるが子どもが他者とつくる関係性の発達にあわせて、「共同→協同→協働」の順番で進むと思われる。

　保育の目的が、子どもの個性化（その子らしく）と社会化（みなとともに）であることから、多様な生活場面で協同のよさを、子どもにとって必然性のある生活のなかで経験させていくことである。幼児期は未だ自己中心性の強い時期であり、ことばの発達や自己主張などが活発になる時期でもあることから、当初は協同で生活や活動を展開することは難しい。協同のよさや、できないことによって生じるつらさや不都合さなどを、「一人でできないことが、みんなとだからできた」「みんなから頼りにされ、役に立ててうれしい」などと感じられるような生活を繰り返し経験させていくことが肝要である。

　協同して活動をするなかで、状況によっては役割やきまりをつくることも必要になる。子ども自らがそれらを決め、生活や遊びを展開することの意味は、自分の力を発揮し他者と協力して生活をよりよくしていこうとする心情・意欲・態度を培い、その過程で必要となる具体的な知識や技能を身につけていくことにある。それは子どもが各々明確な思いをもち、折り合いをつけてかかわり、お互いの立場から生活をよりよくしていこうとする主体的な取り組みといえる。

　きまりは、人の行動を統制、管理するだけでなく、つくり守ることで遊びや生活を快適にするよさや、そこから新たな楽しさが生まれるよさをも含んでいることを体験から学ばせていくことである。そのためには、子どもがどのような環境や雰囲気、状況のなかできまりに接する機会をもつかが重要となる。「みんなで○○をして一緒に遊びたい」という思いのもとに、遊びを運用していくために必要不可欠なものとして、できるだけ子ども同士で協力して、遊びや生活をより楽しくするための役割ぎめやきまりづくりに主体的に取り組む経験を促していくことである。

それぞれに役割をもって

あくまで、協同して生活や活動を進める主体は子どもであるが、状況により保育者が適切にかかわることも必要である。そのため保育者は、日頃から子ども集団の構成や集団での子どもそれぞれの役割や位置、興味や関心、遊びや活動の内容、生活の詳細などについて理解しておくことである。ほかにも、子どもの遊びの進め方や問題が生じた時の解決の仕方など、子ども個人や集団が問題解決に必要な力をどの程度もっているかなどについて把握しておくことである。

子ども主体の協同活動になるためには、まず「○○をしてみんなで一緒に遊びたい」という思いが動機となることから、保育を子どもたちの興味や関心に基づき、集団活動として高い意欲に支えられた集団活動としていかなければならない。活動意欲が高いからこそ、困難を克服しながら問題解決をしていく必要感が生じ、動機や意欲が継続される。みんなで役割ぎめやきまりづくりをする過程で、自己意識や他者理解、よさへの気づき、受容や共感が経験され、また協同での取り組みなどから、自己実現や協力の心地よさ、遊びがより楽しくなる経験が積み重ねられていく。これらの経験は以後の生活において、協働して主体的に複雑な問題を解決するための素地となり、多くの生活場面で生かされていく。保育者は生活のなかで子どもにコミュニケーション力を育みながら、完全なきまりを早急に求めず、次第に子どもたちの力で完成に近づけていくための配慮をしていくことである。

第2節 ● いざこざやトラブルから培われる精神的回復力

1 —— いざこざやトラブルの意味

(1) けんかやいざこざのもつ意味

幼児期になると、周囲の子どもの存在や行動に関心が高まることから、園生活も多くの場面で他者とのかかわりなくしては成立しなくなる。子どもにはその数だけ思いや願いがあり、それらが時に重なり合い、離ればなれにな

りながら生活や遊びが展開されていく。「友だちと一緒に遊びたい」、でも「自分が思うようにしたい」「他の子に譲らず、いつまでもこれで遊びたい」などの状況は、時にはけんかやいざこざなどを生じさせる。そうしたなかで、子どもは、周囲の子どもとかかわるには、それなりの方法があることや、周囲の子どもの思いを知り、自分の思いと折り合いをつけながら、ともに遊びや生活するために必要な術を生活経験から学んでいく。

(2) 葛藤場面で育つ社会性の発達

　幼児期にけんかやいざこざなどの葛藤場面を経験することは、その後の社会性の発達に大きな意味をもつ。「どうしてもブランコにのりたいけど、Bちゃんがのっているからのれない」「色鬼ごっこしたいけど、みんなが一緒にしてくれない」「Cちゃんはルールを守らずズルばかりする」などの葛藤場面は、子どもにとって遊びや活動への欲求が強いほど、解決せざるを得ない課題となる。遊びや生活場面において生じる意見の不一致やイメージのズレなどから、他者の内面に気づき、やがてそれらを正しく推測・理解できるようになっていく。これらの発達は、他者からの無視や無理解、誤解、共感の欠如などの子どもにとってはつらい経験により促進される。

　ルールやきまりなどを守れないことで生じるトラブルからは、集団生活に必要なきまりの理解、それらの運用を通して社会的規範の存在や（不）公正、（不）公平、不条理などを学んでいく。また、集団での自分の位置や他者理解のための枠組み（社会的カテゴリー）なども確立されていく。さらに、自分の立場の弁明や自己主張、他者主張の理解などの必要性から、より緻密なコミュニケーション能力や問題解決に必要な能力などが育っていく。ほかにも、葛藤場面においても自己を統制し、衝動的に行動せず、自他の比較や他者の立場から自らを客観的にとらえることができるようになることで、自己統制力を身につけていく[1]。

(3) 自分たちでけんかやいざこざを解決する力を育む保育

　子どもたちの力でけんかやいざこざを解決できるようになるには、他者理解やコミュニケーション力、自己統制力、適切な公正概念、協力して問題解決をしようとする動機や能力などが必要となる。それらの育ちは、日頃から保育者がけんかやトラブルなどにいかに対処しているかや、保育のなかでそれらの解決に必要な力をどれだけ意識的に育んでいるかによる。

　「けんかやトラブルは人生勉強」と放っておくのでは、より多くの学びにはつながらないことから、状況によっては保育者が適切に対応する必要がある。

保育者は暴力や相手を傷つけるような子どもの言動には毅然と対処し、伝えたいことはできるだけ言葉で伝えるように促す。また、落ち着いて話せるように配慮しながら、出来事（事実関係）→自分の気持ち→相手の気持ちの順に話させる。保育者はできるだけ子どもたちの力で解決することを優先し、問題の裁定などはせず、問題の解決よりは解決の仕方を学ぶことを重視する。話し合いでの問題解決を促し、双方がある程度納得できる解決法をみんなで探し、トラブル解決後には満足感や達成感、思いやりをもって許し合うことの大切さにも気づいていけるように配慮する。

　幼児期には、活発な他者とのかかわりのなかで楽しさを味わう反面、自分の気持ちをうまく伝えられず落ち込んだり、ささいなことで傷ついたりすることもある。保育者は、見守られ、支えられていると子どもが実感できる状況をつくり、安心して生活や遊びができるように留意する。

2 ── 自律の芽生えを育む

　学校教育法第23条において、幼稚園教育の目標のうち人間関係につながるものを以下のように示している。これは、教育基本法「第1章　教育の目的及び理念　第2条（教育の目標）　第2項」を踏まえたものであり、特に生涯の教育を通して目標とされるべきものである。ここでは幼児期の「自律の芽生え」について焦点をあて解説する。

学校教育法（抄）　昭和22年（法律26）　最終改正：平成19年（法律98）
第23条　幼稚園における教育は、前条に規定する目的を実現するため、次に掲げる目標を達成するよう行われるものとする。（中略）
　二　集団生活を通じて、喜んでこれに参加する態度を養うとともに家族や身近な人への信頼感を深め、自主、自律及び協同の精神並びに規範意識の芽生えを養うこと。

　辞書的な意味での「自律」は、「自分で自分の行為を規制すること。外部からの制御を脱して、自身のたてた規範にしたがって行動すること」とされる。ほかにも、哲学的には「オートノミー」といい、観念的であるが、実践理性が外からの権威や欲望から解放され、普遍的な道徳のもとに生きることを意味する。教育のめざす目的が、生涯における人間の成長や発達を目的とした「生涯教育」にあることから、学校教育法においても子どもが道徳的に成長していくために「自律」という高遠で壮大な生涯的命題を掲げている。そうした点から、幼児期を道徳的意味での自律と無縁なものとするのではなく、保育においても将来的な目標として自律に照準を定め、乳幼児期にふさわし

い「自律の芽生え」を想定し、めざしていくことである。自律の芽生えが培われるには、愛着の形成や情緒の安定、自我の発達による自己感の形成、自己統制などの良好な発達が必要となる。さらに、それらの発達に関連する認知や社会性、コミュニケーション能力の発達にも大きく影響を受ける。

　保育所保育指針や幼稚園教育要領には、「自律」ということばは使用されていない。将来的に自律につながると考えられる文言は多くあるが、主なもののいくつかを保育所保育指針や幼稚園教育要領から拾いあげてみると次のようなものがある。保育所保育指針の「第1章総則　1　保育所保育に関する基本原則　(2)保育の目標」には、「愛情」「信頼感」「人権」「自主」「自立」「協調」「道徳性の芽生え」などがあげられている。また、幼稚園教育要領の「第2章　ねらい及び内容」の「人間関係」においては、「自立心」「規範意識の芽生え」「主張」「折り合い」「きまりの必要性」「自分の気持ちを調整」などがあげられている。子どもが生活のなかでそれらがしっかりと培われることで、将来的に自律にまで高まっていくことが期待できるのである。

3 ── 精神的な弾力や回復力を養う

　子どもの成長に伴う生活の拡大は、いざこざやトラブル、心配ごとなどを頻繁にもたらし、解決に骨が折れることも増えていく。そのため、子どもにとってはストレスのかかる機会も増えていくことから、それらに対する精神的な強さや弾力性、柔軟性、回復力（レジリエンス）を養っておく必要がある。

　弾力性や回復力などの形成に関係するのが、乳幼児期の愛着関係の形成状況である。愛着は人格の核となり、生涯にわたり自他の存在への信頼を支えていくものである。また、乳幼児期の安定した愛着形成は、将来にわたり精神的な緊張場面において不適応への回復力やそれを乗り越えていく弾力性の準備を意味する。

　加齢と共に子どもの生活は拡大し、複雑化するなかで生じるさまざまな出来事により、子どもは切磋琢磨しながら生きるために必要なものを習得し、たくましく育っていく。そうした生活をともに築いていく母親や保育者の役割には、やはり大きなものがある。特に乳幼児期における子どもの生活や活動、人間関係の広がりと深まりは、母親や保育者がもたらす安心感が基盤となる。子どもは加齢と共に母親や保育者との生活から仲間との生活に喜びを感じるようになっていく。うれしいことや楽しいこと、つらいこと、悔しいことなどがあれば、真っ先に母親や保育者に伝えに来ることも多い。つらい

仲間とともに

ことや悲しいこと、腹立たしいことなどを母親や保育者に伝えて問題の解決を助けてもらったり、話すことで落ち着きを取り戻して次の生活や活動に戻っていくこともできる。つまり、母親や保育者が、カウンセリングマインドをもって安全基地としての役割を果たしているのである。さらに、母親や保育者だけでなく、生活や遊びで失敗したり、落ち込んだりした時に励ましてくれたり、いたわったり、忘れさせたりしてくれる仲間や集団の役割にも大きなものがある。自分を支えてくれる仲間がいるから毎日はより楽しくなるし、仲間がいるから豊かな学びをもたらす多くの出来事が生じる。子ども集団において好ましい風土を醸成していくためには、保育者が日頃から一人ひとりの子どもを大切にしようとする雰囲気が感じられるクラス経営が求められる。

第3節 ● 道徳性と規範意識の芽生えとモラル意識の狭間

1 ── モラル欠如の時代

今、子どもたちだけでなくおとなも含めて道徳性、規範意識、いわゆる「モラル」欠如の時代といわれている。たとえば、学校現場で真面目に掃除をしたり、宿題をしてくることをよしとしない風潮が存在し、しかも、こうした事態に対して「よい行為ではない」「間違った行為」ということを大半の子どもが認識している。つまり、それらは「よくない行為」と理解はしているが、現実は、そうしたモラルを意識しないで遊び・非行的に実行してしまうことが多いといわれている。もちろん、最初から悪意をもって行っている可能性がないとはいえないが、ごく一般的には、普通の子どもが普通に「よくない行為」をしていることになる。その行為の裏というか誘因は、「誰も見ていなかった」「見て見ぬふり」「責任の転嫁」といった状態が多いのであるが、時に、そうした行為が「格好いい！」と思っているフシもあるという。

こうした事態に、「幼児期の終わりまでに育ってほしい10の姿」に「道徳性・規範意識の芽生え」があげられた。ここでは、道徳性、規範意識を人と

してのモラルととらえ、その意識の芽生えを養うとはいかなることなのかを
考えてみたい。

2 ── おとなと子どもの葛藤とモラル意識

　子どもは成長するにしたがって、いろいろな人とのやりとりをし、「やって
はいけないこと」「守らなければならないこと」なども増え、おとなからの直
接的な働きかけが多くなっていく。幼稚園や保育所等に入ることによって、
家庭内のルールだけでなく、集団生活するうえで多くのルールを守ることが
要請されるようにもなってくる。一方、自我意識・自立心も強くなり、自分
の意志で自分が思い通りにやりたいという意識が強くなり、おとなの期待に
添うこととの葛藤が生じることにもなる。
　電車のなかでよく見る風景に、こうした葛藤を考えさせるものがある。そ
れは、おとなの指示を無視するかのように、誰よりも早く車内に入り、席を
探そうとキョロキョロ、ウロウロする傍若無人な姿であったり、電車などに
乗ると気持ちが高揚し楽しくなり、時に、歓声を上げ、騒々しくなってくる
こともある。騒々しくなる原因には、狭い車内のため退屈になり、座席にジッ
とすることができなくなり、ウロウロしはじめることが考えられる。子ども
自身のそのマナーは決してほめられたものではないが、側にいる親などの態
度はどうなっているであろうか。「席を立ってウロウロしないで！　おかあ
さんが恥ずかしいでしょう！」とか「見てごらん！　あそこのおじさんがにら
んでおられるでしょう！」「もう二度と連れて来ないからね！」などの注意を
よく聞くことがある。一般的に、幼児期から学童期にかけて子どもたちは自
分なりに考えて行動することもあるが、「おとなに言われたから」「怒られる
から」など信頼するおとなの言うことを正しいと考え、結果としてその指示
に従う傾向が強くある。しかし、ここで起こった出来事は子どもたちだけの
責任であろうか。人間の生き方やあり方、個人の行動様式を解く鍵は、おと
なと子どもの生活の過程のなかにある人間関係としての葛藤にあるといわれ
ている。つまり、人間が成長するにつれて獲得する情緒性、生き方、感じ方、
考え方などは、この葛藤過程のなかで一歩一歩、獲得されていくのである。
この獲得過程のなかには、当然、道徳性、規範意識の芽生えも含まれている。そ
うしたモラル意識の獲得には子どもを取り巻く人と人との間の相互作用、つ
まり、人間関係のありようにあることを強く示唆しているのである。この事
例では、子どもたちが車内で騒ぐ、席を立ってウロウロするなどの場合、他
者へ転嫁することで、いわゆる「しつけ」をするのではなく、自分自身に引

き付け「すいません。○○まで乗車します。ご迷惑でしょうが、お許しください」と大目に見る部分と「遠慮なく皆様も注意してください」など他者との関係性のなかに「しつけ」を求めてみることが、道徳性や規範意識の芽生えにつながるモラルに対する意味づけになるのではないだろうか。

3 ── コミュニケーションとモラル意識

　筆者がオーストラリアに行った時のことである。そこでは、建物に厳しい法律が科せられ、トイレは教師がどこにいても見えなければならず、しかもすべて透視のガラスが使用されなければならないというものであった。個人の自由とプライバシーに厳しいお国柄にもかかわらず、子どものトイレ姿が素通しで見えることに不思議さを感じ、その点を質問すると、「トイレは誰もが使用し、おとなになれば大切な見えないコミュニケーションの場となります。常に他者への優しさを意識させ、次に使用する人のことを考え、きれいに使うことを厳しく指導することで見えないコミュニケーションを育てているのです」と答えられた。日本でもトイレ指導は大切にしているが、密室的な要素があり、他者を大切にするためのコミュニケーションの場を育てるという視点に欠けていることを知らされた。

　コミュニケーションといえば、アメリカの学校を訪れていて、よく耳にした言葉に「タイムアウト」がある。それは、保育中に教師の話を聞かなかったり、いたずらをした時、とくに、他者に迷惑をかけた場合は必ずといってよいほど耳にした。教師からタイムアウトと声をかけられると、子どもは自ら椅子をもって教室の隅に行く。つまり、タイムアウトとは、単純には子どもを一定の時間、保育に参加させないことを意味している。昔、日本の教室で多く見られた「廊下に立つ」という姿を思い出させるものでもあるが、それとは似て非なるものである。

　なぜなら、そこでは子どもからのタイムアウトに対する弁明が何よりも大切にされていて、認められた場合、直ちに保育に参加できたり、弁明が認められなかったとしても、ほとんどの場合10分前後で保育に戻ることが許される。しかし、休憩に入ると、なぜ、タイムアウトになったかを納得できるまで子どもと話し合う姿には、日本における「廊下に立つ」こととは多いに違ったしつけ観、教育観を感じさせるものであったからである。

　私たちは、子どもたちの育ちの悪さに何とか「しつけ」をしなければと性急な成果を期待して、いつの間にか「叱る教育」「誉める教育」といった極端なしつけ観などに価値をおいてしまい、教育の本質から離れたところで子ど

もとの出会いを求めていないであろうか。保育を通して何を受容し、何を切断すべきかを子どもと正対して真のコミュニケーションのあり方、教師と子ども、子どもと子どもの人間関係のありようを考える必要を忘れてしまっているのではないだろうか。

4 ── 他者の側に視点をおいた人間関係へ

　いずれにしても、安易に人としての道徳性や規範意識といったモラル意識について述べることは困難というか、ある種の怖さを思わせるものがある。とくに、最近の子どもたち同士の間で起こった殺人事件も詳細にはわからないが、報告書によると普通の子どもの行った行為であった、と説明している。だからこそ、モラル意識の欠如の時代であり、モラル意識の向上を考えるということなのであろうが、モラルとしての意識は明確とまではいかないけれども誰もが普通に確かにもっている、けれども、その意識レベルが見えてこない。では、その見えない行為に対して統制というか厳罰主義を主張する人たちがいることは事実であろうが、統制したり、厳罰したりすることで本当に心からモラル意識が向上し、現状の諸問題が解決するのであろうか。

　そこには、統制と逸脱のごっこ遊びをさえ蘇らせる。やはり、意識の問題だとすると「誰も見ていなかった」「見て見ぬふり」「責任の転嫁」あるいは「格好いい」ということに対して、一人ひとりがいかに他者との関係性が見えていないかに気づくしかないのかもしれない。自分に直接降りかかることでしか考えられないのではなく、常に自分の前に、背後に「他者がいる」「他者と共に生きている」という他者の側に視点をおいた人間関係の問題としてモラルをとらえることを繰り返し、繰り返し、我慢強く指導していくことが、家庭を含め今の幼稚園・保育所等を含めた教育現場の役割と考えてみる必要がある。

　今求められている、幼稚園教育要領、保育所保育指針、幼保連携型認定こども園教育・保育要領に示された道徳性や規範意識の芽生えを養うとは、まさに押しつけのしつけや強制的な指導から生まれるものではなく、しっかりとしたコミュニケーションを伴った人間の関係性、ありようにあることを知らなければならないのではないであろうか。

● 「第4章」学びの確認
①子どもが遊びや生活の中できまりやルールをどのように理解し、運用しているのかについて調べてみよう。
②いざこざやトラブルなどの葛藤場面からの学びについて整理してみよう。
●発展的な学びへ
①他者意識の発達過程について整理してみよう。
②それぞれの発達時期における、いざこざやトラブル場面の原因や解決方法などについて調べてみよう。

引用・参考文献

1）無藤隆・内田伸子・斎藤こずゑ編『子ども時代を豊かに』学文社　1986年
2）解説教育六法編集委員会編『解説 教育六法』

●○● コラム ●○●

きまりが遊びや生活を楽しくする

　きまりやルールは生活を堅苦しく、不自由にするというイメージがあるが、子どもには、きまりやルールを遊びや自分にとってプラスなものにかえていく力がある。以下の事例は、5月のある幼稚園での年長児クラス（1年保育）のトランポリン遊びの場面を抜粋したものである。

　　トランポリンの面は狭く、相手と調子をあわせないと跳べないので、各々が勝手に遊ぶことはできない。そのため、子どもは活動を進めるためにきまりをつくらざるを得なくなった。つまり、きまりづくりが、子どもにとっては楽しく遊ぶための必然性をもっているのである。ルールは活動遂行上必要なものとしてつくられたわけであるが、次第にルールづくりやその運用を楽しむものへと変化していった。最初は「1人ずつ、10数える間だけ」というルールが、次第に「2人、3人ずつ」と人数が増え、「男の子だけ、女の子だけ、女の子と男の子と2人ずつ」などとルールは変化していく。それぞれの場面には、子どもたちにとって異なった楽しさがあるようである。「1、2、3、…10」というかけ声は、一体感とリズミカルな楽しさをもたらす。子どもにとって、ルールのわかりやすさやかけ声の繰り返し、適度に我慢して待つ時間がこの遊びを長時間維持させている。さらに、跳んでいる友だちの楽しそうな笑顔や跳び上がる子どもへの周囲の子どもの歓声も、いやおうなく活動への意欲を高めている。
　　そうしたなかで、「家庭児」であったマサルは、ルールを守って遊ぶ体験に乏しく、入園間近の5月ということもあり、よくクラスでトラブルを起こしていた。しかし、この活動で、並んで待ったり、声をあわせて友だちの活動を応援したり、見守ったり、自分の番では大きな声援を送られることなどを通して、ルールのなかで楽しく遊ぶことにはじめて気づいたようである。彼にとってルールのある生活は、園の生活を象徴するものであり、それを楽しさに結びつけて理解したのであろう。他の子どもの顔をみながら「楽しいなあ、楽しいなあ」と繰り返し、みんなと熱心に最後まで遊んでいたのが印象的であった。マサルにとって自他共にクラスの一員と心から感じられた瞬間であった。

　以上のように、子どもがどのような雰囲気や状況のなかでルールに接する機会をもつかが、ルールの意味を学ぶことに大きく左右する。事例は子どもの主体的なルールづくりや価値づけ、よりよく生活を改善しようとする態度の学びに示唆を与える。子どもたちが工夫して楽しいルールをつくり、遊ぶことの心地よさを味わうことで、ルールづくりはより身近なものとなる。

第 5 章　遊びと人間関係の発達

◆キーポイント◆

　遊びとはなにか。「遊び」を定義しようとさまざまな人が取り組んでいるが、いまだ合意された明確な定義は存在しない。小川博久は『遊び保育論』の中で、「幼児自らの動機で自らの活動をそれ自体の活動を楽しむために引き起こすこと」と、遊びを定義している[1]。また、幼稚園教育要領には、幼稚園教育の基本として、「幼児の自発的な活動としての遊びは、心身の調和のとれた発達の基礎を培う重要な学習である」と記されている[2]。
　本章では、遊びの重要性や遊びの分類について整理したうえで、遊びの中で人間関係がどのように育まれていくのか、そのために必要な保育者のかかわりはなにかを具体的な事例を通して考察する。
　最後に、保育者として思い込みや先入観にとらわれず、具体的な事実から子どもにとっての遊びの意味をとらえる方法について整理する。

第1節 ● 遊びの重要性

1 ── 子どもにとっての遊びは重要な学習

　遊びは、身体的発達、情緒的発達、社会的発達、認知的発達など、子どもの心身のあらゆる発達を促す。またそれぞれの側面が個別に発達していくのではなく、相互に関連し合い、総合的に発達する。幼児期の発達を促すためには、子どもの能動性を発揮させることと、発達に応じた環境からの刺激が重要である。
　子どもは、心が安定していると、積極的に周囲に目を向け、興味・関心をもったものに自らかかわろうとし、かかわった対象の状態や変化からさまざまなことを感じていく。また、身近な人とかかわる中で、人とかかわる楽しさを感じ、自分の行動に対する相手の反応から、受け入れられる行動と望ましくない行動を感じ取っていく。子どもが自発的に取り組み、取り組んだ活動を楽しむ中で、かかわった周囲の環境との応答によりさまざまなことを感じたり発見したりする。活動それ自体を楽しみながらも、子どもはさまざま

なことを、学んでいくのである。このように、自発的な活動としての遊びは、幼児期特有の学習であり、その指導は総合的にならざるを得ないのである。

2 —— 遊びの分類と発達

遊びの分類については、いくつかの視点から説明がされている。パーテン（Parten, M.B.）は遊びの社会的な側面から、ピアジェ（Piaget, J.）とシュミランスキー（Smilansky, S.）は、認知的領域に焦点を当てて分類をしている。ここでは、パーテンとシュミランスキーの分類を紹介する。

表5-1　パーテンの遊びの分類（社会的な側面から）

専念しない行動	何もせずにふらふらしている。
傍観者遊び	他の子どもの遊びを見ているだけの傍観。
ひとり遊び	おもちゃでひとりで遊び、他の子が近くにいても注意を向けない。
平行遊び	ほとんど相互関係をもたないが、仲間のそばで、自分のおもちゃで遊ぶ。他の仲間の存在には気づき楽しんでいる。
連合遊び	2人組あるいはグループで一緒に遊び、おもちゃを共有し合うが、協力や交渉はまれである。
協同的遊び	集団で共通のエピソードの中で遊ぶ。そこでは、子どもがプランを立て、交渉し、責任やリーダーシップをとる。

出典：S・フィーニィー　D・クリステンセン　E・モラヴィック著（Who am I研究会訳）『保育学入門』ミネルヴァ書房　2010年　p.213をもとに筆者作成

表5-2　シュミランスキーの遊びの分類（認知的領域に焦点を当てて）

機能的遊び	学びのためにおもちゃや材料、人を感覚的、運動的に探索する。
構成的遊び	想像的なものを作り出すために、対象を巧みに扱う。
ごっこ遊び	自分とは違う別のものになってみる。そして、ものや状況を再現するために活動や対象や言葉を用いる。
ルールのある遊び	遊びを維持するために、ルールに従って行動する。

出典：表5-1に同じ

このような遊びの分類について理解しておくことは、一人ひとりの子どもの遊びの状況から発達の状況を把握するために有効である。また、それだけにとどまらず、環境からどのような刺激が有効かを見出す手がかりにもなっていくのである。

第2節 ● 遊びのなかで育まれる人間関係

1 ── さまざまな感情の交流による人間関係の広がりと深まり

　子どもにとって幼稚園は初めての集団生活の場であり、自分の気持ちを温かく受け入れてくれたり、困った時に助けてくれたりする保育者との信頼関係を基盤にし、人間関係を広げていくようになる。

　入園して1か月の3歳児、幼稚園生活にまだ不安の残る子どももいる中、お気に入りの遊びや玩具を見つけ、自ら進んで遊ぼうとすることを大事にしたいと保育者は考え、三輪車の数も可能な限り用意していく。しかし、その数が足りなかったことで、ケンゴは三輪車に乗りたいけれど乗れないでいる。

　事例1　「三輪車、空いてるよ！」（3歳児）

　ユウコが黄色の三輪車に乗って走っている。そこにケンゴとA保育者（ケンゴの担任）が手をつないでやってくる。A保育者がユウコに「三輪車貸して」と言うと、ユウコは首を振り、硬い表情で三輪車のハンドルを見つめている。A保育者はユウコに「そっか。終わったらまた教えてね」と言い、ケンゴに「お友だち、まだ乗りたいみたいだね。また後で借りられるかな。遊んで待っていようか」と言い、別の遊び場に向かう。

三輪車に乗れてよかったね

　少しすると、ユウコが誰も乗っていない黄色の三輪車を指差しながら、離れた所にいるケンゴに向かって、「あっち！あっち」と言う。ケンゴは気づかない。B保育者（ユウコの担任）が「ケンくんに見つけたことを教えてあげているんだね。聞こえてなさそうだね。ケンくんって言うんだよ。呼んでみる？」と言うと、ユウコは「ケンくん！ケンくん！」と大きな声で呼ぶ。B保育者が「ケンくん、空いてるよ」と言うと、ユウコも「ケンくん、空いてるよ」と言う。それでもケンゴは他の遊びを見ていて気づかない。B保育者が「聞こえていないね。三輪車持っていてあげるから、行っておいで」と言い、三輪車を2台持つ。

　ユウコは三輪車を降りてケンゴのほうへ走り出す。ユウコはケンゴの傍に行き、空いている三輪車を指差しながら「空いてるよ！」と言う。ケンゴはユウコの顔をじっと見ている。B保育者が「空いている三輪車を見つけたから『空

いてるよ』って言いに来たんだよね」と言う。ユウコは三輪車のほうへ走り出す。A保育者は「三輪車あるって」と言いながらユウコの後を歩き出すと、ケンゴもついてくる。

ユウコは自分の三輪車にまたがり、空いている三輪車のハンドルを握って、「こっち！」とケンゴとA保育者の顔を見る。ケンゴが三輪車にまたがる。A保育者が「ケンくん、よかったね。ユウちゃんありがとう」と言い、2人の顔を見る。ユウコは笑顔で、A保育者と三輪車に乗れたケンゴを見る。ケンゴがユウコの顔を見て、小さな声で「ありがとう」と言うと、ユウコは「どういたしまして」と歯を見せてほほえむ。

　ケンゴは担任の保育者には自分のしたいことは言えるが、友だちに対して自分の気持ちを直接伝えることが難しい。そこで、A保育者がケンゴの三輪車を使いたい気持ちを受け止め、友だちに貸してもらうためにはどのように言ったらいいのか、モデルになるように言って見せている。しかし、ユウコはまだ乗っていたいから貸したくない気持ちを首を振って示している。そこでA保育者は、ユウコのまだ使って遊びたい気持ちも受け止めている。

　この時、ケンゴは乗りたい三輪車に乗れず思い通りにならない体験をし、ユウコも貸してほしいと言われたけどまだ使いたいという気持ちの間で、小さな葛藤ともいえる感情があったであろう。このように友だちとかかわる中で、さまざまな感情を味わっていくと同時に、他者の存在やその気持ちにも気づいていくのである。

　実際に、ユウコはケンゴの申し出を断ったが、ケンゴが黄色の三輪車に乗りたいと思っていることをよく理解しており、空いている三輪車を見て知らせてあげようとしている。

　B保育者はユウコが気持ちをケンゴに伝えようとしていることを認め、名前を知らせたり、呼んで見せたり、ケンゴを呼びに行く間に三輪車を持っていてあげたりして、ケンゴを思う気持ちがかなうよう支えている。ユウコは思いが伝わり、ケンゴが三輪車に乗った姿を見て、笑顔になった。ケンゴにもA保育者にも喜んでもらえて、満足している。最後には、「ありがとう」「どういたしまして」と言葉を交わし、お互いの存在を心地よく思っている。A保育者が先にユウコにお礼を言って見せたことで、ケンゴはユウコに言葉で気持ちを伝え、それによってユウコはより嬉しく思っている。A保育者の傍で落ち着いて過ごしているケンゴも、B保育者やA保育者にユウコの思いを教えてもらい、自分のために友だちがしてくれたことを嬉しく思っている。

　この事例に見られるように、遊びの中で友だちに気持ちが向かっているタイミングで、お互いの気持ちが伝わるように保育者が必要なかかわりをする

ことが、人間関係を広げたり深めたりすることにつながっていくのである。

園生活において、人とかかわることを通して、さまざまに心を動かす体験を友だちと一緒に積み重ね、自分自身のさまざまな感情を味わうとともに、友だちのさまざまな感情にも触れていく。子どもたちは、このような体験を通して自分の存在を感じたり、他者の気持ちに気づくことが大切である。

2 ── 自発性の発揮から協力へ

事例2　ザリガニの住み家をきれいにしよう（4歳児）

ザリガニを育てているたらいの水が汚れていることに気づき、チエ、リク、ソウが「わっせ！」と言いながら、笑顔でたらいを水道の前まで運ぶ。ソウは「ええと……」と言いながらたらいの中を見る。保育者が「バケツがいるねえ」とバケツをたらいの傍に置き、「これにザリガニ入れといて、石と家を洗ってあげたらいいね」と言うと、ソウは「そうやった。じゃあこれ洗うわ」とザリガニの家をたわしでこする。リクは「石洗うわ」と石を持ち、たわしでこする。

3人そろって、たらいをゴシゴシ

チエはたわしを持ち、リクはたらいの中を見る。保育者は「あとはザリガニを運べば、たらいを洗えそうやなぁ」と言う。リクはザリガニを見ながら「リク無理やぁ」、ソウは「おれも」と言い、チエは顔をしかめる。保育者は「どうもないけどなぁ。誰か持てる人に頼む？タカくんとかマイちゃんとか上手やけどなぁ」と言うと、ソウはタカを見て「タカくん！手伝って！」と言う。タカはソウに近づき「なに？」と言う。ソウは「ザリガニ、バケツに入れられる？」と聞く。タカは「できる。簡単だよ」と言って、逃げるザリガニを手で追う。

チエはたわしを持ったまま、タカの手元を見る。リクは石を磨きながらタカの手元を見て「しっぽを持ったらええねん、しっぽ」と言う。タカは「大きなハサミのついた脚のほうをさっと持たないと、はさまれるよ」と言い、ザリガニのハサミのついた脚の付け根をつまんでバケツに移す。保育者は「ほんとやさしい持ち方やね」と言う。タカはザリガニの大きなハサミのついた脚の付け根をつまむ。チエはタカがザリガニをつまんだのを見て、バケツをたらいに近づける。タカはザリガニをバケツに入れる。

チエ、リク、ソウは、石やザリガニの家を洗い終える。3人一緒にたらいをこすりながら、歌をうたい、笑顔になる。たらいの各所を見ながら、汚れてい

る部分を何度もこする。チエは自分の前のたらいの側面をこすったあと、ソウの前のたらいの側面に手を伸ばし、「一回みんな手を離してみて。ぐるっと回すわ」と言う。リクとソウは「はぁい」と言って、手を止める。リクは水を出して、たわしを洗う。ソウは「水ちょっとだけ入れて、それでもう一回だけ止めよか」と言い、たわしを洗っているリクを見て「止めていい？」と聞く。リクは「うん、いいよ」と言い、ソウは水を止める。

リクは、保育者を笑顔で見ながら「めっちゃきれいになってきた！」と言う。リクが「もう流そっか」と言うと、ソウは「そうだね。一回流してみよう」と言い、チエも「流してみよう」と言う。3人はたらいの水を流す。流し終えるとチエはまたたらいの中をこすり始める。それを見てリクは「もういいやろ、洗うの」という。ソウはたらいの中を見て「これくらいでいいやんな」と言う。チエはたらいの中を見て笑顔になって「これでいいやん！」と言う。3人は笑顔でたらいに石やザリガニの家を戻し、水を入れる。

　上記の事例で、チエ、リク、ソウは、友だちと一緒に声を合わせて、たらいを運ぶことを嬉しく思っている。

　ソウは、これまでにもザリガニの世話をしたことがあり、これまでの経験から、ザリガニの家を洗うことを自ら選んで決めている。

　リクは、ソウがザリガニの家を洗うと決めたのを見て、ほかにザリガニの世話で自分ができることはないかと考え、石を洗うことを見つけてしている。

　タカは、友だちからザリガニを移し変えるための助けを求められ、自分にできる自信があったため、すぐに引き受けている。

　チエは、洗うものや場がない状況下でも、たわしを持って友だちの様子を見続け、ザリガニの住み家をきれいにするために何かしたいと思っている。そして、その思いを持ち続けながら友だちの様子を見ていたことで、バケツをたらいに近づけるとタカがザリガニをバケツに移しやすいことに気づき、行動に移している。

　上記のように、ソウ、リク、チエは、みんなでしたいと考えている方向に向かって、自分にできることを自ら見つけている。子どもがかかわりを深めていくためには、このような自発性の発揮が不可欠である。一人ひとりの子どもが自発的に行動できるようになると、一人ひとりの友だちと協同して遊ぶようになっていく。この事例においてもそのきざしは随所に感じられる。

　さらに事例のなかで、チエはたらいの側面を洗うには、たらいを回して洗う箇所を自分の前に持ってくるとよいと考え、自分がしてほしいことやしたいことを言葉にして伝えている。ソウも水を少し入れてこするほうがきれいになると考え、水を少し入れたい思いを言葉にしている。また、それをリクも同意のうえで進めたいと考え、リクの思いを確認している。リク、ソウは

3人で洗っているたらいがきれいになっているかどうかを判断し、友だちに思いを確認するような言葉をかけ合いながら、洗い終えるタイミングを3人で決めようとしている。
　このように互いの思いや考えを伝え合い、聞き合うことで力を合わせて協力していることが感じられる。大事なことは、一人ひとりの子どもが活動そのものを楽しんでいることである。そのため、やり遂げた時に満足感を感じ、協力することのよさを感じることにつながっている。

3 ── 協同して遊ぶようになるために

事例3　パントマイムのチームを決めよう（5歳児）

　発表会でパントマイムをすることに決めた6人のグループが、綱引きのパントマイムをしようと園庭で練習をしている。チーム分けを3人対3人、2人対2人、1人対1人のどれでするか、それぞれが思う分け方を主張するだけで決められない。そこで、翌日に実際にやってみて決めることにする。
　マイコが前日のことを思い出し、3つのやり方を順番に試してみることを

やってみて決めよう

提案する。3人対3人の綱引きをした後、綱を引く役以外の役割を見つけた。サユリがスタートの合図を出す役、ヨウコが応援する役になり、2人対2人の綱引きをする。その後さらに、キョウコとヨウコがスタートの合図を出す役、サユリとマイコが応援する役になり、1人対1人の綱引きをする。保育者は、「すごい。みんなで3つのやり方でやってみたんやね。やってみたらどれがいいかみんなで考えやすいよね」と言う。
　マイコが「3対3、2対2、1対1のどれにする？」と言う。リョウタが「2対2。スタートする人も応援する人もいたほうがいい」、マイコは「私もリョウタくんと一緒。2対2がいい」、サユリは「私も2対2がいい」と言う。保育者が「どうしてそう思うのかも言ったほうが、みんなの気持ちがわかって決めやすいよね。サユリちゃんは、どうしてそう思ったん？」と言う。サユリは「私、応援する人をしたいから。3対3やったら応援できないし」と答える。すると、マイコが「1対1がいい人おらへん？」とみんなに尋ねる。リョウタは「1対1やったら、綱引きがおもしろくない。なんかさびしいわ」と答える。ヨウコも「うん、2対2のほうがいい。サユリちゃんが応援する人をしたいから、3対3やったらできないし」と言い、ツヨシは「ぼくもそれでいいよ」と

> 言う。保育者が「みんな自分の考え言ったかな?」と尋ねる。ヨウコが「キョウコちゃんまだ言うてないよ」と言い、それを聞いたキョウコは「2対2でいい」と言う。マイコ「なんで?」と尋ねると、キョウコは「スタートする人も応援もする人もいたほうがいいやん」と答える。そして、マイコは「じゃあ、決まり〜。2対2」と笑顔で言い、リョウタも笑顔で「よっしゃ〜」と言う。それを聞いた他の4人も笑顔になる。

マイコは、綱引きのチーム分けについて、全部のやり方を試したうえで、みんなに聞いて決めようとしている。そして、グループの友だちの考えを聞いたり、自分の考えを伝えたり、それぞれの考えを確かめたり、どうしてそう思うのか理由を尋ねたりして、みんなが納得するように決めようとしている。

サユリは、応援する役割をしたいと思っているが、それをするためには、3人対3人の綱引きだとできなくなるからという理由を伝えて自分の考えを伝えている。

ヨウコは、綱引きのチーム分けと役割について決めるために、リョウタの考えを聞いたうえで、それに加え、先に2人対2人がいいと言っていたサユリの思いもかなうように考えて、自分の意見を出している。さらに、全員が言ったほうがいいと考えて、まだ考えを出していない友だちが言えるように促して決めようとしている。

リョウタ、ツヨシ、キョウコもそれぞれ自分の考えをグループのみんなに伝えており、6人全員がみんなで決められてよかったという満足感を味わっていることがうかがえる。

この事例では、友だちと一緒に自分たちの発表をよりよくしていこうとしている。自分たちの発表をよりよくするといっても、具体的にどのようにするのか、考えることはたくさん出てくる。この事例では、パントマイムの一つとして綱引きをどのようにするのかを考えている。ほかにどのようなプログラムを用意するのか、それはどのような順番でするのかなど、必要なことがたくさんある。それら一つひとつが具体的な友だちとの共通の目的となる。それらを一つひとつ実現しようとすると、さまざまなことを決めていく際に、考えたことを実際に試しながら一人ひとりの子どもがそれぞれ自分の考えを理由とともに伝え合うことを通して、互いの思いや考えが共有されていく。そして、みんなが納得して決められるたびに、その満足感を感じていく。それらを積み重ねることで、友だちと一緒に自分たちの発表をよりよくし、その発表をやり遂げることで、大きな充実感を味わう経験をするのである。

この事例の中で、保育者は一人ひとりの子どもが、互いの思いや考えを共有し、全員が考えを出して決められるように、3つの働きかけをしている。

1つ目は、自分の考えを伝える時に理由も添えると思いや考えが相手にとってわかりやすいという、理由を添えることのよさを感じさせる援助である。2つ目は、具体的なかかわりの中で、保育者が理由を尋ねる姿を見せる援助である。3つ目は、みんなが言ったかどうかを尋ねる援助である。このような保育者のかかわりが、「協同性」を育むための保育者のかかわりのポイントの例としてもあげられる。

　そのほか、子どもたちが一人ひとりのよさを生かしながら協同して遊ぶようになるためには、友だちと共通の目的が生まれてくる過程、子ども同士で試行錯誤しながら友だちと一緒に自分たちのしたいことの実現に向かおうとする中で、思いや考えがすれ違った際に起こるいざこざ等の葛藤体験を乗り越えていく過程などを丁寧にとらえる必要がある。そのうえで、それまでの一人ひとりの経験の違いや人間関係に関する課題を踏まえて、適切な援助をすることが必要である。

第3節 ● 子どもにとっての遊びの意味を見取る

　<u>保育者としての思い込みや先入観にとらわれず、子どもにとっての遊びの意味を理解するために、具体的な事実から遊びの意味をとらえることが大切である</u>。遊びの中でどのような学びがあるのかを見取ることが、子どもにとっての遊びの意味を見取ることにほかならない。

　そのためには、記録をする際に、「事実」と「解釈」を分けて記述することが重要である。「事実」とは、子どもの発言や行動、表情、しぐさ、視線など、子どものありのままの姿であり、「解釈」とは、その事実から保育者が読み取った子どもの内面である。それらを分けて書くことで、できる限り保育者の思い込みや先入観を排除した事実に基づく子どもの内面理解が可能になる。

　具体的な記録の例については、前述した3つの事例を確認されたい。事例には、できる限り事実のみを詳細に記述していることがわかるであろう。

　解釈をする際に、それはどの事実から言えるのかと振り返ることが必要である。すると、解釈に必要な事実が不足していると気づくことがある。事実を見取っていたが書きそびれていたのか、見取れていなかったのかを確認し、原因を探ることになる。いずれにしてもそのことは、子どもの内面理解に必要な事実のポイントが明らかになり、そのポイントを意識して記録を書いたり、見取ったりすることにつながる。

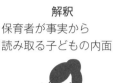

図5-1　事実と解釈

　また、遊びの中で、同じ姿が見られても、A児にとっては学びでも、B児にとっては学びとはとらえられないことがある。対象の子どもの、これまでの経験や育ちといった子ども理解をもとにしつつ、その時の状況やそれまでの経緯も考慮して、保育者は子どもの学びを見取ることが必要である。

　さらに、時には、保育者集団で記録をもとにした検討を行いたい。子どもの姿から学びを見取るため、数値化された客観的な評価が行えるわけでもなく、必ず正解というものでもない。しかし、事実をもとに子どもの遊びの中の学びをとらえた記録を保育者集団で検討することで、事実による解釈の幅が広がり、多面的に子どもの育ちをとらえることに向かうことができる。このことは、より一層、一人の保育者の思い込みや先入観を排除し、子どもにとっての遊びの意味を見取る保育者としての資質の向上につながっていく。

みんなで力を合わせて

はい、どうぞ！

●「第5章」学びの確認
①パーテンによる社会的な側面からの遊びの分類、シュミランスキーによる認知的領域に焦点を当てた遊びの分類について説明してみよう。
②なぜ、幼児教育では遊びが学習として位置づけられているのか説明してみよう。
●発展的な学びへ
①「事実」と「解釈」を分けて記録し、記述できているか、事実に基づいて別の解釈ができないかを話しあってみよう。
②複数の人と具体的な遊びを決めて観察し、その記録に基づいて子どもにとっての遊びの意味について話しあってみよう。

引用・参考文献

1）小川博久『遊び保育論』萌文書林　2010年　p.48
2）S・フィーニィー　D・クリステンセン　E・モラヴィック著（Who am I研究会訳）『保育学入門』ミネルヴァ書房　2010年　p.213
3）内閣府　文部科学省　厚生労働省「幼保連携型認定こども園教育・保育要領　幼稚園教育要領　保育所保育指針中央説明会資料（幼稚園関係資料）」2017年
4）国立大学法人神戸大学（協力：全国国立大学附属学校連盟幼稚園部会）「平成28年度文部科学省委託「幼児期の教育内容等深化・充実調査研究」幼児期に育みたい資質・能力を支える指導方法と評価に関する研究－幼児期の終わりまでに育ってほしい姿の観点から－」2017年
5）神戸大学附属幼稚園　「平成22～24年度　文部科学省研究開発学校指定（第三年次）幼小をつなぐ幼児期のカリキュラム『神戸大学附属幼稚園プラン』の創造－10の方向・40の道筋で幼児教育を可視化する－」『研究紀要36』2014年

●○● コラム ●○●

ドキュメンテーションとポートフォリオ

　保育日誌や業務記録、発達の記録等、保育者にとって記録は日々の業務の中でも重要なものの一つである。これまでの記録は保育者の省察を促すためという側面が強調されてきた。

　近年、保育現場ではドキュメンテーション、ポートフォリオなどの新しい記録の方法が取り入れられるようになってきた。ドキュメンテーションとは、イタリアのレッジョ・エミリア市から広まった記録のことで、スケッチ、写真や動画、音声記録、子どもの製作物等を用いて子どもの育ちや学びを伝えるものである。レッジョ・エミリアの保育では子どもが数名のグループで一つのテーマによるプロジェクト活動を行うが、その活動のプロセスもドキュメンテーションにより記録される。ポートフォリオとは、ファイル、書類ケースを意味する言葉で、保育のポートフォリオには、一人ひとりの子どもごとに育ちや学びの様子についての写真や保育者が記録した文章、子どもの製作物、時には保護者のコメントや家庭での様子までもがファイリングされる。同様の記録は、ニュージーランドのラーニング・ストーリーなど、国や地域によってさまざまな呼び方や手法で行われている。

　これらの新しい記録に共通するのは、保育者による記述だけでなく写真等の媒体を用いているという点と、その記録を職員室など外部の目に触れない場所に保管しておくのでなく、保護者や子どもが手に取って見ることのできる場所に掲示したり置いたりして、記録を通じて子どもや保護者と育ちや学びのプロセスを振り返り、分かち合うことができるという点である。ドキュメンテーションやポートフォリオを取り入れている園では、掲示された写真やファイルを繰り返し見たり、その写真について親や先生と、あるいは子ども同士で話したりする子どもの姿が見られる。また、そこから保護者と保育者、保護者同士、保育者同士の語り合いも生まれる。さらに、レッジョ・エミリアのドキュメンテーションは施設内にとどまらず、施設の外の市民が利用する空間にも飾られ、街全体で子どもを育てるという意識を高めている。

　ドキュメンテーションやポートフォリオは、子どもの育ちや学びのプロセスを見える化して発信することにより、保育者、保護者、市民、そして子ども自身が育ち合い、学び合うという関係づくりにもつながっていくのである。

第6章　保育者に求められるもの

◆キーポイント◆

子どもがよりよい成長を成し遂げることができるかどうかは、保育者にかかっている。子どもをかわいいと思う気持ちや、愛しいと思う心情だけではよい保育を行うことはできない。また、保育士の資格や免許をもつだけでも十分ではない。専門家の実践的見識としての「心」、実践的思考によるカリキュラムづくり、それを実践していく行動力が求められるのである。

そのためには、人間関係を育てる実践の原理をふまえ、情緒的に安定できる場ときずなを築き、仲間とかかわる場をつくる援助を継続していく必要がある。子どもに一方的にかかわるのではなく、子どもと共に保育者も「共に育ち育て合っていく保育」をめざしたい。

第1節 ● 「育ての心」と「共に育ち育て合う心」

1 ── 根底となる「育ての心」

保育所や幼稚園等は、子どもたちが家庭から離れ、はじめて継続的に他者と交わる社会である。仲間や保育者とかかわり育つ場であり、これからの人生を生きるための対人関係を培う礎の意味をもつ重要な場といえる。人とかかわる力は、養育者に大切にかかわってもらい、育まれる経験によって生まれる情緒的安定感を基礎とする。この「育ての心」は親にも保育者にも共通である。

※1　倉橋惣三（1882～1955年）
日本の幼児教育の父とも呼ばれる。東京女子高等師範学校附属幼稚園主事となり、「生活を生活で生活へ」という子どもの生活を中心とした保育思想を提出した。初代日本保育学会会長。

「育ての心。この真情が最も深く動くのは親である。次いで幼き子らの教育者である。そこには抱くわが子の成長がある。日々に相触れる子らの生活がある。自ら育とうとするものを前にして育てずには居られなくなる心、それが親と教育者の最も貴い育ての心である」。

(倉橋惣三※1『育ての心』1) 序文からの引用)

ただし保育の場は、園全体で保育者という専門家たちが互いに連携協力しあい、子どもたちの集団のなかで個々の子どもを育てていくという点で、家庭とは異なる。そして保育者同士の連携はさらにこれから求められてくるだ

ろう。子どもと共に保育者も「共に育ち育てあっていく」ためには、「心」（heart）としての心情や人間性といった人格だけではなく、それを実際の子どもとのかかわりにおいて実現し支える知識や理論、技能という専門家の実践的見識としての「心」（mind）をもち、社会のなかで生きていける子どもを育て導く意図性を保育環境や行動に込めることが求められる。

「私達はこの世では大きいことはできません。小さなことを大きな愛でするだけです」とは、マザー・テレサ[※2]の言葉である。子どもたちを育てていく日々の仕事は派手で大きな仕事ではなく、陰で支える黒子といえる。しかしながら保育は、一見小さくみえる出来事のなかに大きな意味を見出し、育ての意図を込めたかかわりが未来を担う人を育てることにつながる。

「保育者はつねに創造的であれ」。これは多くの保育者から慕われてきたベテラン保育者、堀合文子の言葉である[2)]。暮らしのなかで、また遊びのなかで子どものこれからを考え、今ここでかかわり、過去のふるまいをふりかえるという絶え間ない連鎖が、1年後、数年後に子どもの成長という目に見える大きな手応えになりあらわれてくる。この連鎖は他者の目には必ずしも見えない。しかしこの連鎖の継続が子どもには大きな影響を与え続ける。

※2 マザー・テレサ（1910〜1997年）
修道会「神の愛の宣教者会」の創立者。インドのカルカッタでの貧しい人々への活動は世界的に有名であり、ノーベル平和賞、バーラ・ラトナ賞等を受賞している。

2 ── 専門家の自覚

「保育者」は専門職である。それは、「保育士」や「幼稚園教諭」という専門資格や免許をもつことで十分なのではない。それにふさわしい自覚と見識をもち、子ども・親・社会に応答しその責任を果たしていくことが求められている。長野ヒデ子さんの絵本『おかあさんがおかあさんになった日』[3)]に次の一節がある。

> 「あかちゃん　こんにちは、おかあさんよ。よろしくね。あなたのおかげで、わたしは　おかあさんに　なれたのよ。わたしのあかちゃん、ありがとう。あなたのうまれた日。おかあさんが　おかあさんになった日」。

この文の「あかちゃん」を「受けもつ個々の子どもの名前」に、「おかあさん」を「先生」に置き換えて読んでみてもらいたい。子どもから先生と認知され、その子が自分の未来の可能性をゆだねてくれるおかげで、その子の先生、保育者となっている。子どもと保育者はこの意味で共に育ち育てられる関係にある。子どもに保育者は選べない。いかなる保育者でも、その子にとっては「わたしの（僕の）先生」である。この責任を自覚し、保育の質を高める工夫を具体的に行う集団に育ち合っていくことがプロの保育者集団といえる。

3 ── 共に育ち合うシステムづくり

　園内研修や職員会議、廊下や保育室での同僚との日々の会話のなかで、互いを専門家として高め合う関係をつくるには、長年経験を積もうとも先輩や同僚、後輩の保育のなかから学び、自分の保育をオープンにし、それに対する意見に耳を傾ける謙虚さと、出会うものごとを何でも今の保育と結びつけてとらえ、新たなものを学ぼうとするしなやかな感性と柔軟性、みずみずしさが必要である。たとえ経験未熟であっても、子どものことに心を砕きかかわろうとするときには、子どもにはそれが通じ保育者に応え支えてくれる。日々の子どもの姿から学ぼうとするみずみずしい感覚を互いに保ち続けることが「育つ−育てる」関係の相互性をつくり出す。

　園の風土として学び合う関係がつくられることで、保育者同士も共に育ち合っていくことができる。意欲や姿勢だけを強調しても学ぶのは難しい。そのためには、育ち合う場をシステムとしてつくり、ビデオやいろいろな媒体による記録などの道具を使用することも必要である。図5−1は育ち合いのシステムの一見本であるが、勤める園の研修体制に積極的に参加し、自分もまたその一員として改善を図っていくことでより質の高い保育者になっていく。

　また、さまざまな記録を書き、ふりかえることによって、自分の保育を語る言葉を耕すことが、子どもを見る目を確かにする。どのような形式の記録をとるかが保育のどの面に着眼するかを決める。たとえば、環境構成図[※3]を書くことで配置が見え、個々の子どもの様子を簡潔に書きとめることで自分

※3　環境構成図
保育を行う計画段階において事物の配置を記し、活動の展開を二次元空間で表すもの。省察時にも環境構成の妥当性をふりかえることができる。

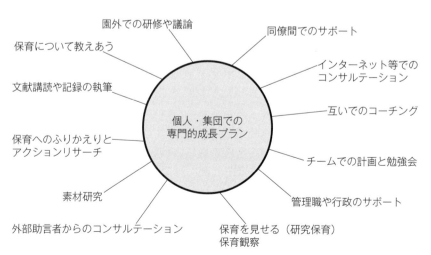

図5−1　専門家の発達を支えるシステム[4]

がその日どの子に注目できていなかったかがわかり、連絡帳やクラスだよりを書くことで子どもの活動内容が鮮明になる。園長や管理者にいわれるから記録するのではなく、子どものことを心にとどめ日々の保育の軌跡を書きとめることで、子どもの行動がつながって意味をもって見えてくるのである。では、そこで培われる専門家の思考とはどのようなものだろうか。

第2節 ● 専門性としての実践的思考とカリキュラムづくり

1 ──「いま・これから・これまで」をとらえる

　なすがままにしておいても子どもは遊んでいるだろう。子どもが好きだから、喜ぶからといっておもむくままに任せていると、特定のことや表層的なことしか経験できない。仲間と遊んではいても遊び込む経験をもてない。限られた保育時間、保育年数のなかでその子がもつ潜在的可能性を発揮していけるよう、園の設備や保育者の人数などハード面での「保育構造の質」を高めていくと同時に、日々の遊びや暮らしというソフト面での「保育過程の質」を、子どもの育ちと活動や教育課程の内容と流れを吟味しながら実践することが、個々の保育者に求められている。

　そのため図5－2のように、「計画・立案」「対応」「反省・省察」の各々を個々の活動、個々の子どもとのかかわりのなかでとらえる即興的な思考と行動が必要なのである。図に記された順序では、「これから」があり「いま・ここ」があり「ふりかえり」があるように見えるかもしれない。だが、保育の営みは常に「いま・ここ」を起点にして「これから」をとらえ、「ふりかえる」ことでいきつもどりつする過程である。それは計画実施し、さらにまた

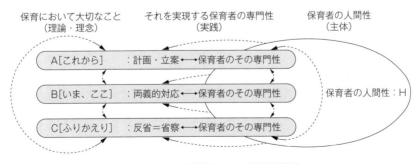

図5－2　保育者の3つの専門性[5]

計画を再構成していく過程でもある。活動に込められた子どもの思いと発達における意味を理解し、次の展開を考えて計画し、結果を見てふりかえるのである。それは保育中には即興的に行われる。保育者は行為しながらふりかえり、考える（reflection in action）。また、保育後には翌日の準備をするなかでそのことを改めてふりかえる（reflection on action）。つまり、<u>保育には保育者の意図と自覚が必要である。たとえ偶然の出来事でもそれを意味づけることにより、次のかかわりが生まれる</u>。それは保育者の最初の思い通りに子どもを指導することではないし、特定の内容を教えることに固執するものでもない。しかし、<u>よりよいものへと導く教育の意図なしには保育の質は保証されない</u>。ただし、「どのような経験の保証が必要か」「どのように育てたいか」は、時代や社会、地域の特性、子どもの実態によって変わる面もあり、個々の保育者によっても異なる。前述したように、園内研修等で具体的に保育や子どもの姿の事例検討を通して他の保育者の考え方を知ることで、保育者自らの考えが明らかになり、園としての実践の方向を確かめあって展望をもつことができるのである。

2 ── カリキュラム・マネジメント

日々の保育を支える基盤はカリキュラム[※4]である。乳幼児期の発達の道筋や乳幼児期に経験してもらいたい内容と子どもたちの実態から、学期や年間のカリキュラムを教育の営みとして考える専門的知識、つまり発達の道筋についての知識やそれに応じたカリキュラム編成の実践的知識をもち、計画評価することが専門家の仕事である[6]。カリキュラムを考えることによって、行事等の準備を直前に追われながらするのではなく、長期的展望をもつことで余裕をもち、そのときどきの活動に向けて日々の保育のなかで準備し育てていくことができるのである。そして、毎年カリキュラムをふりかえり翌年のものを考えるのが、カリキュラム・マネジメントである。そこでは、学年、園全体での協働が必要である。カリキュラムを通して、自園の保育の特色を学びつくり出すことができる。

※4 カリキュラム
教育課程として教育内容を目標に照らして配列し、方法と共に記したものである。国のカリキュラムは幼稚園教育要領と保育所保育指針であり、このナショナルカリキュラムにもとづいて各園が園独自の教育課程を編成している。そして、この園カリキュラムをもとに年間指導計画がつくられる。

第3節 ● 人間関係を育てる実践の原理

1 ── かかわりの場の生成と援助

　前項では、保育者の専門性全般について述べてきた。では、これからの時代に生きる子どもたちの「人間関係」を培っていくために、専門家としての保育者に求められる役割は具体的にどのようなものだろうか。

　子どもは多様な人間関係を経験することを通して生きる力を培っていく。したがって保育者は、子どもの発達に応じてさまざまな人との出会いの場を時間的、空間的な環境や活動、人的環境、物的環境として設定し、そこで援助していくことが必要である。自分の居場所として安定できる場、同年齢の仲間とかかわることのできる場、自分とは異質な経験をしている子どもと交わる場、暮らしや文化を通して地域の人と出会う場などである。これからの子どもたちには、同質の仲間意識だけではなく異質なものと交わる活動を経験することで、その違いから互いを理解し思いやる力、そして自分のよさを理解し、自己肯定感がもてるような場の生成が求められるだろう。

　しかし、その場に子どもが進んで参加したり、仲よく交わり遊んだりつきあえるとは限らない。葛藤や衝突が起きる。そのときこそ子どもにとって考え学ぶ機会となる。そこで保育者は、出会いを支えつなぐためにさまざまな役割を担うことになる。それは状況に応じて柔軟に判断してとる役であり、決められて固定した役割ではない。

　表5－1は、本書と同じ主題に関して、保育者の役割の視点から書かれた幼児教育書からの引用である。保育者は子どもを受容すると同時に、教えたり教育の意図を込めた環境づくりを行ったり、また自らがそのモデルとなる。保育者が機に応じて多様な場でさまざまな役を担えているときにこそ子どもは育つといえるだろう。

仲間とのかかわり

表5-1　人間関係を育てる保育実践の原理

- 子どもたちのあらゆる感情を認め、受け入れ尊重する
  （怒りや悲しみ、憎しみなどの負の感情も受け入れ共感する）
- 社会的能力として何が望ましいかは文化により違う
  （子どもたちは異なる家庭の文化をもって園の文化に参加してくる）
- 対人的な葛藤や困難こそが考えたり教える機会となる
  （子どもにとって逆境のときにこそ、その対処について援助する）
- 社会的行動は何度も繰り返し経験するなかで発達する
  （繰り返し経験できる機会を準備し、そのなかで子どもの発達を見取る）
- 集団のきまりやルールは直接対話することを通して教えるのが有効
  （やってはならないことは、対話を通してきちんと指導する）
- よい対人関係はよい保育内容によって支えられつくられる
  （かかわりの質を深める素材や保育環境を準備する）
- 適時の適切な保育者の関与が子どもの社会的能力を促す
  （妨げず、場を見極めてからかかわる）
- おとなの期待が子どもたちの人格や個性を形成する
  （子どもの行動を肯定的な言葉で語り、個々の違いをよさとして味わう）
- 保育者と子どもたちとのやりとり自体が子どもの対人能力を形づくるモデルとなっている
  （保育者自身がもっている子ども観や発達観と言葉をふりかえる）

出典：Katz, L. & McClellan, E., Fostering children's social competence : The teacher's role, Washington : NAEYC　1997より。

2 ── 情緒的に安定できる場と絆（きずな）

　入園当初の不安な時や仲間との葛藤、挫折を経験した子どもにとって、自分をなぐさめ受け入れてくれる重要な人として保育者と情緒の絆を形成することが、安心して他の友だちとかかわっていける基盤となる。

事例1　給食のとき（3歳児）

　ダイキが友だちとふざけていてクラスの給食が入ったワゴンをひっくりかえした。その大きな音を聞いてかけつけた保育者は「けがはなかった？　大丈夫だった？」とまず声をかけ、ダイキを抱きしめた。ダイキは自分のやったことの大きさに驚いて呆然としていたが、保育者に声をかけられ安心したのか急に声をあげて泣きはじめた。保育者は彼の気持ちを汲み取り、クラスの子どもたちに「代わりのものを用意するから大丈夫よ」と言ってこぼれたものを拾いはじめると、クラスの皆も一緒に手伝おうとする。その後、保育者はそっとダイキに今後このようなことが起きないよう、注意の言葉をそえた。

　もし、このときに保育者が最初にダイキのことを注意したとしたら、この場面の展開は大きく違っていただろう。ダイキへの他児の対応も変わったに違いない。保育者の子どもへの対応は、保育者とその子どもとの関係をつくるだけではなく、その子どもを見る他児のまなざしをもつくり出す。保育者

自身の予想を越える出来事、子どもが悪いことや否定的なことをしたときにも、その子の気持ちを察しつつ適切な対応をとれるかが保育者との絆を強めたり揺らいだりさせる。

一方で注意すべき時にしなかったり子どもによる対応の違いが、その子を特別視する見方を他児の間につくり出すことにも留意すべきである。保育者の子どもを見るまなざしは、子ども同士が関係をつくるモデルとなる。また子どもにとって家庭と園は連続した時間のなかで経験される。朝、家庭で不機嫌な出来事があったまま、それをひきずって登園することもある。前日の降園後の友だちとの出来事もある。朝の出迎えのとき、家庭との連絡を密にし園で心を配りフォローすることで、気持ちを切り替え園生活が送れるようにすることも重要な役割である。

子どもはときにロッカーのなかやピアノの下にぽつんと入り込んだり、部屋の片隅で一人で座ったりつぶやいたりしていることがある。一人でいることでほっとしたり、心を落ち着け安定できることもある。遊びたいのに仲間がいないのか、一人で何かに心を向けているのか、保育者がその気持ちを汲み取ることで、子どもが安定感やさまざまな感情を一人で統制できる力を育てることができる。

3 ── 仲間とかかわる場をつくる援助

事例2　電車遊び（3歳児）

3歳の保育室。保育者がつくって机に置いてある電車を見ながら、何人かの子が牛乳パックの上に折り紙を貼って電車をつくっている。窓をつけ、車輪をつけ、完成。自分の電車を動かしはじめる。大きなダンボール紙に一本の線を引いたものが脇に置かれている。そこから線路での電車遊びがはじまる。車両の後ろに連結の金具を保育者がつけてあげる。そこで互いに電車をつなぎあって長くつなげたり、手があいた子は踏切をつくったりと、一人の遊びが皆の電車ごっこの輪へと広がっていった。

子どもたちは、車や剣、エプロンなど、ぼく（わたし）のものをもつのが好きである。ものを使って仲間と交わるきっかけが生まれる舞台やしかけを準備することで、ものは保育の意図の込められた活動のための「モノ」になり、そこに子ども同士のかかわりが生まれる。年少児やきわめて少人数のクラス、新学期まもなくで仲間関係ができていないときほど、子どもたちの関係が生まれる「モノ」や空間の設定に配慮することが必要となる。子どもの

遊び空間は単に広ければよいのではない。他児との交わりが生まれる動線ができる広さや配置が考えられることで、遊びがつながり、仲間同士の遊びのなかでの関係づくりが可能になる。

事例3 「ブドウがほしい」（5歳児）

5歳のレンが園庭のブドウ棚のブドウが色づいたことに気がつく。担当の保育者ははしごに一緒に登り、レンが手を伸ばしてとろうとするのを支えてあげている。それに気づいた同じクラスの何人かの子もまた、自分ではしごに登ってブドウをとり、一粒ずつとっては大事そうに洗って味わって食べている。その様子を見た3、4歳児もブドウがほしくて列をつくり並びはじめる。3歳児担当の保育者は、子どもたちの背では届かないので、もいだ房の1粒ずつをとって次々と手渡していく。長い列で待ちくたびれた3歳のユウは列から離れて他の遊びに行き、戻ってきたときには保育者がはしごを片づけていた。「もうおわり。並んでなかったでしょう」という保育者の言葉に悲しげに黙るユウの様子を傍で見ていた園長先生が「ユウくん、さっき並んでたよね。ほしいよね。よし、園長先生がとってあげよう」といってはしごに登ると、4粒のブドウをユウのために手渡した。ユウは両手に4粒のブドウをのせてもらうと、うれしそうにすぐに水道のところへ走って行きブドウを洗っている。「はい、これ」と担当の保育者と2人の友だちに残りの3粒を分け与え、ユウも1粒を口に入れた。

何十分かの間のブドウをめぐる保育者の行動により、同じ1粒のブドウが最初の5歳児にとっては自分で手を伸ばして保育者と一緒にとったブドウであり、列になって1粒ずつ順にもらった子どもには保育者から配られて食べるものとしてのブドウであった。そしてユウには、園長先生から複数個のブドウが与えられたことで、人に分ける喜びや一緒に味わえるうれしさを経験する「モノ」となった。同じものでも、子どもにとってどのような活動のなかで出会うものかによって意味は違ってくる。

「もの」は活動のなかである特性を引き出され、ある意味や機能をもつ「モノ」となる。子どもにとって有意義な経験のできる「モノ」の出会いになるか否かは、保育者がそのときに活動の意味をどのようにとらえることができているのか、育てたいものがきちんと見えているのかによる。仲間とかかわり合う楽しさが生まれる場になるか否かは、ものの特性の引き出し方やそのつなぎ方という設定の仕方によるのである。

また、子ども同士の間で遊びのイメージが共有できず食い違いが生まれ、互いに譲り合わない場面もある。こうした時こそ主張や交渉を学ぶ機会である。低年齢では各々の子どもの意図の代弁者となることもあるが、時には見ていたり、入ってもその後いつ保育者がその場から抜けるのかという判断が

求められる。保育者が何かをしてあげる行為が援助になるのではなく、子どもにゆだねることも、時には育てる援助になる。保育者が子ども個々を育てていくだけではなく、子どもの年齢が高くなるにつれ、子ども同士が育ち合える場をつくる援助がより大切になる。

クラスにおける活動も、子どもの成長とともに仲間の間での力関係や役割が固定化しがちである。いつも特定の役を担っているために、その子の個性として互いに見えている部分が決まってくることがある。個々の子どもの違った面でのよさが見えるよう、保育者が違うグループを組んでいろいろな活動を準備したり、その子どもの違った面でのよさを皆に伝えることが、子ども自身が自分のイメージを形づくっていくうえでも大切である。それには多様な表現や活動に子ども達が主体的に取り組める環境と、保育者自身が子どもの活動や作品を見たとき、「いいね」「上手ね」といった言葉を連発するだけではなく、そのよさの一つひとつの差異を的確にとらえ、味わえる言葉を用いることによって子どもが友だちの作品や行動を見る目を培うのである。

4 ── 異質な経験をしている子とかかわる機会

同年齢の子どもとのかかわりだけではなく、保育者自身が保育室、あるいはクラスの枠から発想を越えることによって、子どもたちは質の異なる貴重な経験をすることができる。子どもであっても、年上のお兄さんやお姉さんとかかわることであこがれをもち、やってみたいという気持ちをもつようになる。また、4歳児は、5歳児と交わる経験や5歳児の当番活動や演奏、作品展などを見ることを通して、5歳児になったときにそのイメージを思い出しながら自分たちで同じ活動を行うこともできる。年上の子どもは最も身近なモデルである。園のなかだけではなく小学生と交わる「保幼小連携」は、園児にとってもまた小学生にとっても育ちの機会をもたらし、両課程の教師に発達の視点を広げ新たな視点を与えるものである。

また反対に、年下の子どもとかかわることで世話をしたり、つくり方を教えたりするなど相手を思いやる行動が生まれる。同年齢の仲間関係のなかではとけ込めない子どもが年下の子どもと交わることで自己有能感を感じることもある。また、幼稚園と保育所はこれまで管轄が異なるということで交流が少なかった。しかし、幼保連携を5歳児間で行うことは共に地域の子どもを育てることにつながり、また同じ小学校に行くことへの期待感、そして自分の知らない5歳児の暮らしを知る意味をもつ。よって、自分たちの園生活の特徴に気づき両者にとって刺激を与える。

また、障害をもつ子どもや外国からきたニューカマーの家庭の子どもを、ときには自分たちとは異質な存在だと感じるかもしれない。しかし、そのときに保育者がその子どもとどのようにかかわるか、その子どもたちの独自性やよさをかけがえのない貴重なものとしていかすかかわりが求められる。単に園生活への適応のみを求めるのではなく、保育のなかでの異文化にいかに対処できるかが子どもたちの異文化との共生の芽を育てる。
　きたやまようこさんの絵本『ゆうたはともだち』[7)]に次の一節がある。

> 「おれとおまえ、ぜんぜんちがう。だけどともだち　だからともだち」。

　この感覚が、個々の存在の独自性を認め関係を培っていく子どもを育てるのではないだろうか。

5 ── 地域社会とかかわる暮らしづくり

　子どもたちは生まれた社会や文化へ参加し、そこで一人前に育っていくことを期待される。暮らしに参加し、暮らしのなかにある文化を学び、それを自分たちなりに遊びのなかに取り込んで表現していく。落ちついた環境で共に楽しんで食べること、きれいにたたんだり身ぎれいに過ごすこと、自分の暮らす場を自分の手で清潔にすることなど、衣食住の文化を園でも大切にしていく。それがおままごとやおうちごっこなどの遊びとなり、子どもは学びながら暮らし、それを遊びのなかで自らの形で表現していく。

　お手紙ごっこやお店やさんごっこをする時にも、郵便局に行ったり、おじいちゃんやおばあちゃんに手紙を渡したり、スーパーに買い物に行って自分たちで何か料理づくりをしてみる。すると、そのごっこにはより工夫がこらされていく。本物のよい絵や音楽を聴かせてあげることで子どもたちの製作や演奏への意欲は刺激される。子どもだから子どもっぽいものだけでよいのではない。

地域社会を学ぶ

　「生活を生活で生活へ」は冒頭で紹介した倉橋惣三の保育観を示す言葉である。園は閉じられた世界をつくりだすのではなく、暮らしのなかの文化づくりへの参加者として、園外の暮らしにおける文化、地域社会が大切にしてきたものとつながり、地域の保育所、幼稚園として機能する

ことによって子どもが地域社会の人とつながり、より広い文化への展望をもつ接点ができてくる。

　以上のような場を、保育者が子どもたちの発達の実態に応じて創造的にデザインし、かかわりへのきめの細かい配慮をすることが、子どもが生きていくなかでの人間関係を育むために求められているのである。

● 「第6章」学びの確認
①保育者に求められている自覚や資質・能力にはどのようなものがあるか確認してみよう。
②子どもが情緒的に安定できる場とは、具体的にはどのような環境のことを示すのか話し合ってみよう。
● 発展的な学びへ
①保幼小連携や地域社会など園外における人とのかかわりがなぜ重視されているかを考えてみよう。
②日本の保育に多大な影響を残した倉橋惣三の保育観について調べてみよう。

引用・参考文献

1）倉橋惣三『育ての心』（上・下）フレーベル館　1976年
2）堀合文子『まごころの保育』講談社　1998年
3）長野ヒデ子『おかあさんがおかあさんになった日』童心社　1993年
4）Fyfe, B. Images from the United States:Using ideas from the Reggio Emilia experience with American Educators. In L. Katz & B. Cesarone（Eds.）Reflections on the Reggio Emilia approach. Eric. 1994年 pp.21－30.
5）鯨岡峻「保育者の専門性とはなにか」『発達』83（21）2000年 pp.53－60
6）Spodek, B. & Saracho, N. Issues in early childhood educational assessmnet and evaluation. New York: Teachers College Press. 1997年
7）きたやまようこ『ゆうたはともだち』あかね書房　1988年
8）秋田喜代美『知を育てる保育：遊びで育つ子どものかしこさ』ひかりのくに　2000年
9）民秋言編著『保育者論』建帛社　2000年

●○● コラム ●○●

シャボン玉遊びにみる保育者の援助

　初夏、プール遊びの頃になると、どこの園でも行われる遊びの一つがシャボン玉だろう。「たくさん出せるにはどうしたらよいか」「大きなシャボン玉をつくるにはどうしたらよいか」「双子につながったシャボン玉にするにはどんなふうに吹けばいいか」など、大きさ、数、形などをめぐって子どもたち自身が発見や工夫をすることができる。だが、遊びの展開に深まりが見られるかどうかは、環境設定と保育者の援助次第である。どの容器にどれぐらい、どんな液を誰がどこにつくるのか、ストローや針金などシャボン玉をつくる道具により多様な発見と活動へ、そして個の活動から集団へと広げることができる。既製の液だけではなく手づくりでの濃度の工夫や道具づくり、また道具を置く広さや数、保育者の言葉により活動の展開は変わってくる。

　「先生、ほら、僕のシャボン玉、虹色だよ」と天気のよい日に太陽の光で皮膜が虹色になっているのを子どもが発見する。先生はその子の発見をみんなに伝え、「金色のもできるかな。先生のは金色だったよ」と声をかける。シャボン玉は膜の厚さによって映る色が違うことをこの先生は知っており、言葉を投げかける。膜の色をめぐる一人の発見が、子どもたちの挑戦になる。また、あるときには地面に落ちてこわれないように、なにげなく園庭に水をまき小さな水溜りをつくっておく。すると、水に浮かぶシャボン玉を子どもたちがながめ、落ちたシャボン玉が泡となり、そこでも交わる場ができ遊びはじめる。風が吹く日にはシャボン玉から風向きへの気づきが生まれる。この園では、子どもたちはシャボン玉を通してさまざまな遊びを発見していった。

　ここではシャボン玉遊びを例にあげたが、保育者の素材に対する理解と遊びの展開に応じた環境の生成によって、子どもたちの素材へのかかわりと学びは大きく変わる。各々の素材はいくつかの特性をもっている。そのことに目を向けることで、パターン化した遊びに見えるものからも、発見や発想を共有していく創造的な遊びへと展開できる。

第 7 章 保育者に求められる援助の視点①－自立に向けて－

◆キーポイント◆

本章のポイントは次の5点である。
① 年齢別の発達段階と援助のポイントの概要を新要領、新指針に則して示すほか、脳科学の知見からスマホと愛着形成の関係についても考えていく。
② 最新の調査結果から子どもの身辺の自立が小学校期の学習態度に影響することが示唆された。その内容を読み解きながら、身辺自立を園だけではなく家庭との連携の観点から考える。
③ 一人遊びは内発的動機づけに基づくものであり、後の友だちとの関係を築く土台となる。一人遊びを保障する子ども観、環境、模倣、親との共通理解について考えていく。
④ "一緒にいることの心地よさ（ノリ）"の発達的意義、および遊び場面、生活場面でどのように育まれるかを考えていく。
⑤ 対立しても相互に納得する「合意の形成」の意義、道筋を考える。

「自立心」は園での生活において、保育者などとの信頼関係を基盤に自己を発揮し、身近な環境に主体的にかかわり自分の力でさまざまな活動に取り組む中で育まれる。つまり、子どもは保育者や友だちを信頼して助けを借りながらも、自分で最後までやろうとすることで達成感を味わい、自信をもつようになる。こうした「自立心」にかかわる子どもの育ちを保障するためには、保育者の援助を愛着関係、身辺自立、仲間（友だち）関係、遊びなどの観点から考える必要がある。

第1節 ● 年齢別にみる援助の視点

子どもに対する援助は年齢によって大きく異なるため、発達段階に対する十分な理解がなければ、各年齢に適した援助ができない。

たとえば、保育者が「イヤイヤ期」の2歳児を次の活動に誘っても、子どもは「まだ、私はこれがやりたいの！」とまったく聞き入れずに遊びを続けることがある。この時、発達段階を十分に理解できていなければ、その子を

「言うことを聞かない子」ととらえ、意地になって次の活動に移らせようとするかもしれない。これは保育者にとってはストレスかもしれないが、子どもにとってはそれ以上である。しかし、これは2歳児の発達的特徴である。こうした保育をしないために、保育者は子どもの心情理解に加えて、今その子がどのような発達段階であるかも理解しておく必要がある。さもなければ、発達の見通しをもった援助ができないだろう。

とはいえ、次の点には注意しなければならない。各年齢の子どもの発達の特徴を保育所保育指針等から「この年齢になったら○○になる」と読み取ってはいけない。それらは、あくまで発達の目安である。子どもの「育ち」とは、保育の中での日々の積み重ねによって形成される部分もあるため、個々の子どもたちがどのように育ってきているかという発達の連続性を考えていくことが大切である。

1 ── 乳児保育（0歳児クラス）の考え方と援助のポイント

(1) 乳児保育における3つの視点

2017（平成29）年の保育所保育指針や幼保連携型認定こども園教育・保育要領の改訂（改定）により、乳児期の保育については、①身体的発達に関する視点（「健やかに伸び伸びと育つ」）、②社会的発達に関する視点（「身近な人と気持ちが通じ合う」）、③精神的発達に関する視点（「身近なものと関わり

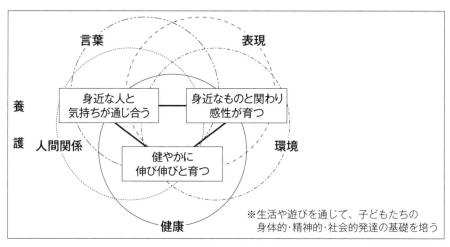

図7-1　0歳児の保育内容の記載のイメージ

出典：厚生労働省「保育所保育指針の改定に関する議論のとりまとめ（平成28年12月21日より）」
（http://www.mhlw.go.jp/file/05-Shingikai-12601000-Seisakutoukatsukan-Sanjikanshitsu_Shakaihoshoutantou/1_9.pdf）

感性が育つ」）から、ねらい・内容を構想して、子どもの姿を評価することが求められるようになった。これは乳児保育が5領域のように明確に区分できないからである。ただし、これら3つの視点が子どもの発達にしたがって5領域と連続するものだと理解しておく必要がある（図7-1）。

(2) 0～1歳児（0歳児クラス）への援助のポイント

　保育所保育指針や幼保連携型認定こども園教育・保育要領において、乳児期は「視覚、聴覚などの感覚や、座る、はう、歩くなどの運動機能が著しく発達し、特定の大人と応答的な関わりを通じて、情緒的な絆が形成される」ことから、「これらの発達の特徴を踏まえて、乳児保育（乳児期の園児の保育）は、愛情豊かに、応答的に行われることが特に必要である」とされている。つまり、乳児保育において、いかに子どもと愛着関係を形成できるかが援助のポイントになる。乳児期における養育者（母親や保育者など）との愛着関係の形成は、その後の人とかかわる力の基盤となるだけでなく、近年の脳科学では肉体と脳の正常な発達にも影響を与えることもわかってきている[1]。

　乳児が保育者と愛着[※1]関係を形成できるためには、保育者は普段から目と目と合わせたコミュニケーションをして、乳児の泣き声を聞き分けてからどのような欲求かを理解し、素早く対応することが大切である。このような積み重ねにより、乳児と保育者の間に信頼関係が築かれる。

　また保育者は子どもの多様な感情を受けとめて、温かく受容的・応答的にかかわり、一人ひとりに応じた適切な援助を行うことが重要である。特に、乳児は月齢により発達段階に大きな差があり、援助のポイントも異なる。

　2～5か月頃の乳児は保育者とのかかわりにより、「アーアー」と喃語を出して笑うようになる。保育者は抱きながら乳児の目を見て「ねぇ、おもしろいねぇ」など語りかけることが大切である。乳児はこうした温かい雰囲気から安心や親しみを感じる。また、泣いているときも「ねぇ、お腹すいたねぇ」などと代弁して気持ちを受け止めることが大切である。

　5～9か月の頃になると身近な人との間に愛着関係が育ってくるので、人見知りも出てくる。援助のポイントは、ゆるやかな担当制をとるなどして特定の保育者が継続的にかかわるようにして、乳児が安心できるようにすることが大切である。

　9か月～1歳頃になると、少しずつ言葉の意味や身振りを理解してくる（例：やりとり遊び）。また、信頼関係が築けているおとなと積極的にかかわろうとする姿も見られるので、保育者が一つひとつの行動を示しながら、言葉と身振りがつながるようにすることも大切である[※2]。

※1　愛着について、詳しくは第3章（p.51）を参照。

※2　乳児保育の援助の詳細なポイントについては、大橋喜美子編著『新時代の保育双書　乳児保育』（みらい　2018年）や、神田英雄『0歳から3歳－保育・子育てと発達研究をむすぶ－』（全国保育団体連絡会　1997年）などをおすすめする。

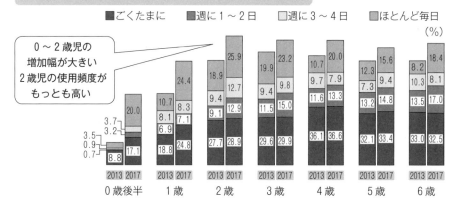

図7-2 子育てにおけるスマホの使用頻度
注1：家族がスマートフォンを所有する人のみ回答
注2：2013年は解答不明を除く
出典：ベネッセ教育総合研究所「第2回乳幼児の親子のメディア活用調査」2017年

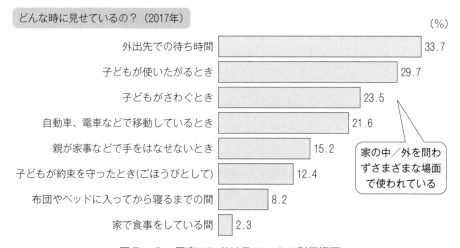

図7-3 子育てにおけるスマホの利用場面
注1：家族がスマートフォンを所有する人のみ回答
注2：複数回答
出典：ベネッセ教育総合研究所「第2回乳幼児の親子のメディア活用調査」2017年

(3) 乳児の愛着形成にスマートフォンが与える影響

　近年、乳児の子育てにスマートフォンやタブレット端末（以下、総称してスマホという）が使用されることが多く見られる。「第2回乳幼児の親子のメディア活用調査」（ベネッセ教育総合研究所2017）によると[2)]、2013（平成25）年に比べて2017（平成29）年の0歳児後半の子育てにおけるスマホの使用頻度が上がっている（図7-2）。また、乳児のみならず、乳幼児期の子育てにおいても「外出での待ち時間」や「子どもがさわぐとき」に利用されること

が多い(図7-3)。

子育てにおけるスマホの使用について、澁井は乳児の愛着形成に次のような影響がでることを危惧している[1]。一つは、保護者がスマホを操りながら育児をする場合、乳児の欲求に一貫して対応することが困難になるため、乳児の脳のニューロンネットワークが堅固に形成されず、神経回路の発達に影響が出る可能性がある。二つは、保護者からの言葉がけや刺激が減少し、乳児の言語発達に影響がでるおそれがある。愛着形成には乳児と保護者の双方向的なやりとりが重要であることから、子育てで安易にスマホを使うことは避けたい。スマホが子育てに与える影響について、科学的な知見の蓄積が望まれる。同時に、子育てにスマホを使わざるを得ない家庭に対するサポートのあり方も考えなければならない。

2 ── 1〜2歳児(1歳児クラス)への援助のポイント

1歳児頃になると徐々に自我が成立し、他者も自分と同じ存在(人間・子ども)であることに気づくようになってくる。こうして、1歳児の子どもには他者との関係を意識して、他者との中での自己主張とつながりを模索する姿がみられる。

この時期の友だち関係の特徴は、同じ子どもとして共感し、友だちと一緒の行動をして楽しむ喜びが大きくなることである。また、同じ子どもとしての友だちが使っている玩具は自分にとってもおもしろいだろうと感じて使いたくなり(他の玩具では妥協できず)、けんかも増えてくる。

3 ── 2〜3歳児(2歳児クラス)への援助のポイント

2歳児になると自我はさらに拡大して、自分の思い通りに振る舞うことを邪魔されたくない、自分のものを取られたくないなどの「自己領域を守る」行動が生まれてくる[3]。保育者はそうした子どもの発達段階を理解しながら、その子の気持ちを尊重した援助が大事である。

たとえば、電車の玩具で遊んでいるA君をトイレに誘う場合、いきなり「トイレ行こうよ!」と誘っても、そ

気持ちを尊重して援助する

の言葉はA君にとっては「今している電車遊びはおしまい」ととらえられ、自分のやりたいことを邪魔されると感じるだろう。そのため、保育者は「車庫に戻ったら、A君もトイレ駅に行こうか」など、その子の今の気持ちを尊重した援助が望ましいといえる。とはいえ、実際に行うことが難しい時もある。保育者に余裕がなければ、言葉では尊重していても、子どもに対して「早く貸してあげてよ」という態度や口調になることがある。いったん、保育者の「こうして欲しい」は置いておき、まずは子どもが今何をしたいのかを理解して、じっくり待つことが大事である。保育者の予想よりも早く、子どもの気持ちが切り替わることもある。

　2歳児の友だち関係は、相手に自分が受け入れられ、また、自分が相手を受け入れる相互受容の経験を積み重ねていくことで広がる。こうした経験の積み重ねによって、子どもに友だちを大切にする気持ちや信頼感が生まれてくる。この時、保育者はモデルとなるため、子どもを受容する姿勢が大事である。保育者に受容してもらった経験が次の子ども同士のかかわりの中で生きるからである。

　2歳児の後半になると、友だち関係においてイメージを共有することが楽しいという姿が出てくる。しかしながら、まだまだ友だちとイメージを共有して遊ぶことが難しい部分もある。そのため、保育者は子どもに多くの楽しい共通の経験をできるようにする。そうして、共通の経験のなかから生じるイメージを、ごっこ遊びなどに積極的に取り入れていくことで、子どもの遊びはさらに発展していく。

4 ── 3～4歳児（3歳児クラス）への援助のポイント

　この頃には、一人の独立した存在として行動しようとし、自我がよりはっきりしてくる。また、できることが増えてきて「何でもできる！」という自信の高まりもピークを迎える。しかし実際には、まだまだできないことも多い。このような3～4歳児に対して、保育者は彼らの自信を尊重したかかわりが求められる。その時、3～4歳児はまだ自身を客観視できないことも理解しておく必要がある。

　3歳児クラスの友だちとの関係は、①自分とは異なる他者の存在に気づき、場の共有が始まる段階、②友だちの存在を知り、模倣や一緒に行うことが始まるが、相手にうまく伝えられない段階、③物への興味、状況への関心が高まっていくという段階を経て発達する[4]。

　仲間関係では並行遊びが多いものの、言語発達が著しいため、イメージを

第 7 章 ● 保育者に求められる援助の視点①－自立に向けて－

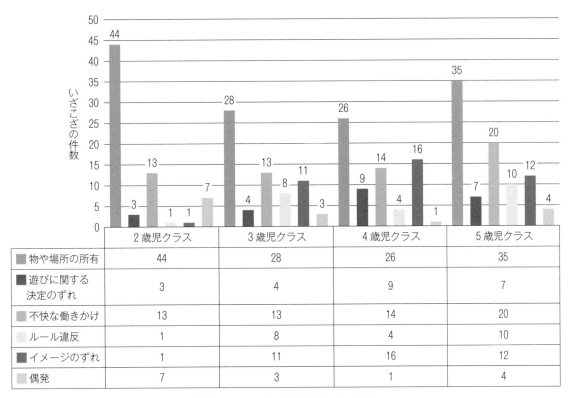

図7－4　いざこざの原因（年齢別）
出典：山口優子・香川克・谷向みつえ「保育園のいざこざプロセス」『関西福祉科学大学紀要』第13号　2009年　pp.247－260より筆者作成

友だちに伝えて遊びがさらに発展するようになる。一方で、いざこざ場面で自分の気持ちを伝えることが難しく、大声を出して威嚇(いかく)し合うこともある。いざこざの原因は、発達するにしたがい変化していく[5]（図7－4）。

　保育者は仲立ちの時に「ごめんね」「いいよ」の形式的な謝罪を促すこともあるが、それよりも「玩具取られて、どう思ったの？」「どうして、○○くんは玩具を取ったのか聞いてみた？」「今度からどうして○○くんに、どうしてほしいの？」と子どもたちの気持ちをひも解き、言葉にして伝え合えるような援助が大切である。こうすることで「ごめんね」「いいよ」という言葉を伝え合う時よりも、子どもたちは納得することが多い。

5 ── 4～5歳児（4歳児クラス）への援助のポイント

　この頃の子どもたちは、生活の中でさまざまな事柄に興味をもち関心が広がる。また、子どもたちは客観視できるようになってくるため、今までのように無邪気に振る舞うことができない場面もでてくる。4～5歳児は目的を

立てて、行動するようになるため、自分の思ったように行動できないのではないかという不安が生まれ葛藤を感じる。この時、保育者は共感的にかかわったり、ほめたりすることで、子どもが他人の気持ちや立場を考えられるようになる。一方で、4〜5歳児は人にほめられるだけでは納得せず、自分でも納得できないと前に進めないこともある。保育者はそのような子どもの気持ちを大事にしながらかかわることが大切である。保育者のこうしたかかわりがモデルとなり、子どもの他者の気持ちに思いやる心が育つのである。4〜5歳児はイメージが膨らみ、友だちとコミュニケーションしながら遊びを進めるようになり、気の合う友だちのつながりを求める。ただし、①友だちと一緒に遊びたいが、自己主張もしたい、②思うようにいかず葛藤することから学ぶ。このような、③相手への思いの気づきから人間関係の芽生えが見え始めるという段階を経て発達する[4]。

　この時期の子どもたちは、集団の中で仲間といることの楽しさや喜びを感じるようになり、仲間とのつながりが大きくなる。保育者は子どもが集団活動に参加する時に、一人ひとりがそれぞれの欲求を満たされる配慮する必要がある。

　一方で、仲間とのかかわりの中で子どもの競争心が高まり、けんかも増えてくる。こうした経験を通して、子どもは少しずつ自分の気持ちをおさえたり、自分の思いを相手に伝えるようになるだけでなく、相手の気持ちにも気づくようになる。利根川によれば、子どものこうした育ちは段階的なものであり、仲間とのかかわりの積み重ねがあり、クラスで生み出された規範が子どもたちに共有され、友だちが集団の一員であることを理解していくという[6]。そのため、保育者も初期は相互の意図のズレを言語化して気づきを促し、徐々にいざこざの論点を整理して見通しがもてるようにしていくなど、子ども同士の対話で解決できるようになる援助が求められるのである。

6 ── 5〜6歳児（5歳児クラス）への援助のポイント

　5〜6歳児になると、自分の中で課題を持ち、試したり工夫したり、継続して遊んだり、跳び箱、縄跳び、竹馬など深めていくグループやクラスで共通の目標をもち、継続して取り組むようになる。友だちとの関係は、①仲間意識が芽生え、集団で過ごす充実感を感じる、②友だちを思いやる心をもち、問題解決ができるようになる、③相手の気持ちに立てるようになるという段階を経て発達する[4]。2017（平成29）年の改訂（改定）により「幼児期の終わりまでに育ってほしい姿」、いわゆる「10の姿」が記述された。人間関係に

属する内容として「自立心」「協同性」「道徳性・規範意識」があげられ、特に「自立心」「協同性」は学びに向かう力の中心とされている[7]。つまり、卒園までに育って欲しい姿として、幼児が友だちとかかわわる中で、互いの思いや考えなどを共有し、共通の目的の実現に向けて、考えたり、工夫したり、協力したり、充実感をもってやり

グループになって

遂げ、達成感を味わい、自信をもって行動するようになることが期待されるのである。ただし、これは到達すべきものではなく、子どもの育ちを理解する視点であることに注意しなければならない。

　このような育ちに向かう保育者の援助として次の2点があげられる。一つは、子どもが自ら周囲に働きかけることにより多様な感情を体験し、試行錯誤しながら自分の力で行うことの充実感を味わうことができるように、子どもの発想が広がるような形状、材質の素材を用意しておくことである。この環境構成のあり方は非常に重要であり、保育者が直接渡すのか、間接的に設置しておくかによって、子どもの工夫の仕方が異なる[8]。

　二つは、協同的な活動は子ども一人の力ではなく、それぞれの子どもの考え・得意なこと・よさを認め合い協力して試行錯誤することで、共通の目的が実現して喜びを得る。そのためには、保育者がそれぞれの子どものアイデアや思いを共有したり、結びつけたりするような対話の場を設けたり、役割分担する子どもの姿を認めたりすることが重要である[9]。

第2節 ● 自分でできることは自分でする

1 ── 身辺自立（食事・排泄・着脱・自分のものの始末）

(1)　身辺自立の重要性と保育者の援助

　「自分でできる」という身辺自立（生活習慣）が増えていくことは子どもの自立につながるだけでなく、ベネッセ教育総合研究所（2016年）の調査から年中児期の「学びに向かう力」や小学1年生の時の「学習態度」にも影響す

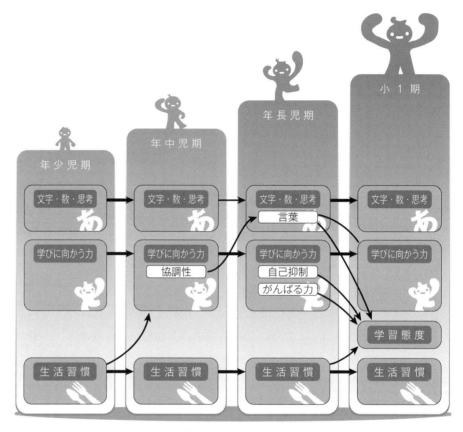

図7－5　幼児期から小1期の学びの形成
注：太い線は影響の大きかったもの、細い線は影響のやや大きかったものを表している。
出典：ベネッセ教育総合研究所「幼児期から小学1年生の家庭教育調査」2016年

ることが示唆されている（図7－5）[10]。

　身辺自立でなによりも重要なのは、子どもの「自分でやりたい意欲」を尊重することである。そのためには自分でする機会を設定して、それができた時に共に喜びあうことである。こうした経験の蓄積が子どもの自信につながり、さらにやってみようとなる。

　3～4歳児への援助として次のような一例があげられる。給食後に着替える場面でありながらも、なかなか着替えがすすまない子がいるとする。ここで保育者は「今、着替える時間でしょ」と客観視の立場にたった言葉をかけるよりも、「今日もごはんもいっぱい食べれたね〜。すごいね！お着替えもできるかな？」と子どもの自信を尊重した言葉をかけるほうがよい。ただし、一見して「自信たっぷりに早く着替えてるなぁ」と思っていても、カゴにはグチャグチャの服が……ということも少なくない。この時期の子どもの身辺自立の定着には、保育者がしっかりと子どもたちの側につき見守りながら、必要に応じて援助することが特に重要である。

表7-1　生活習慣に関する発達（子どもの年齢別 経験比較）　　　　　　　　　　(%)

	1歳児		2歳児		3歳児		4歳児		5歳児		6歳児	
	05年	15年	05年	15年	05年	15年	05年	15年	05年	15年	05年	15年
	(660)	(614)	(740)	(583)	(340)	(626)	(312)	(610)	(326)	(671)	(276)	(657)
コップを手で持って飲む	69.5	65.8	98.4	94.8	98.2	96.3	98.1	93.5	97.8	94.0	96.0	92.7
スプーンを使って食べる	64.8	62.3	97.4	95.0	98.2	96.3	98.1	93.5	97.8	94.0	95.7	92.4
家族やまわりの人にあいさつする	45.9 > 35.6		83.5 > 72.6		92.5 > 87.4		93.6 > 87.3		91.8	87.9	91.7	88.0
歯をみがいて、口をすすぐ	14.8	9.3	73.3 > 59.1		91.6 > 84.2		95.2 > 88.0		97.5 > 91.6		95.3	91.2
おしっこをする前に知らせる	3.3	4.7	25.2 > 18.4		86.3 > 75.4		97.8 > 90.4		96.9 > 91.9		94.6	90.7
自分でパンツを脱いでおしっこをする	1.2	1.3	17.7	13.0	79.1 > 70.1		98.1 > 90.9		97.3 > 91.9		94.9	90.3
自分でうんちができる	5.6	6.4	24.4 > 18.9		78.8 > 64.4		95.2 > 85.9		96.7 > 90.4		94.6	90.3
ひとりで洋服の着脱ができる	1.4	2.4	18.4 < 23.7		62.0	64.9	92.3 > 87.5		96.3 > 91.0		93.8	90.7
おはしを使って食事をする	4.5	4.1	32.0	35.2	62.0	58.3	83.7 > 72.1		94.2 > 83.8		93.5	88.9
決まった時間に起床・就寝する	55.6	56.1	62.2	64.4	72.6	68.0	82.4	79.2	85.8 > 77.5		84.4 > 78.2	
ひとりで遊んだあとの片づけができる	17.0	16.5	46.8	46.3	64.7	61.7	85.6 > 74.5		88.1 > 80.5		85.1	83.9
オムツをしないで寝る	0.6	1.0	6.3	3.8	45.9 > 35.0		81.1 > 66.0		84.8 > 79.0		90.2 > 83.6	

注1：「できる」の%
注2：満1歳以上の子どもをもつ人のみ回答。
注3：05年、15年調査の結果を比較し、10ポイント以上の差があったものは濃い網掛け、5ポイント以上10ポイント未満の差があったものは薄い網掛けをしてある。
注4：（ ）内はサンプル数。
注5：0歳6か月〜6歳11か月の年齢層で分析する際のウェイトを用いて集計した。
出典：ベネッセ教育総合研究所「第5回幼児の生活アンケート レポート」2016年

(2) 家庭との連携による身辺自立

　身辺自立について最近の子どもたちは昔の子に比べて、できないことが増えていると耳にすることもあるだろう。実際に2005（平成17）年と2015（平成27）年の調査を比較すると、ここ10年で子どもの身辺の自立がなかなか進んでいないことがわかる（表7-1）[11]。3歳児の「自分でうんちができる」「おしっこをする前に知らせる」、4、5歳児の「おはしを使って食事」の項目は減少の幅が大きく、保護者が排泄やはしの使い方について保育者に相談することも少なくない。しかし、園の保育だけで子どもが身辺自立できるわけではない。たとえば、保護者の要望により、園ではしの使用を始めても、家ではしを使わないのであれば、定着しないだろう。大切なのは、保護者と連携をとりながら、子どもが家庭と園で無理のないペースで身辺自立をすすめていくことである。

2 ── みんなとの生活のなかで

　4歳児、5歳児クラスになると係活動や当番活動を行うことが多い。このように集団の中で役割をもって働く経験は子どもに責任感と達成感を与える。また、こうした経験の中で人の役に立つという経験も子どもに自信をつけさせる。一方で、係活動や当番活動では、いつも自分がやりたい仕事ができるわけではない。その仕事をやりたい子どもがいれば、誰がするかを話し合いやジャンケンで決めることになり、思い通りにいかず葛藤することもある。もちろん、こうした係活動や当番活動においても「自分たちでやりたい」という気持ちが大切である。「自分たちでやる」ことを積み重ねていくと、そのうち、なにか課題が起きた時に自分たちで解決しようという動きになり、集団の自立につながるのである[12]。

第3節 ● 遊びを楽しむ

1 ── 遊びの本質である自発性の意味するところ

(1) 遊びは内的動機づけ

　さまざまな教育学者・哲学者[※3]が指摘するように、遊びは純粋な内発的動機づけによって生まれる。結果としてさまざまなことを学ぶのは事実であるとはいえ、子どもはやりたいからその遊びをする。

　たとえば、子どもは鬼遊びが好きで、それをやりたいからやる。その過程では、ルールをめぐる子ども同士の対立場面が常に見られる。捕まりたくない子どもが"タイム"をとって鬼になるのを免れようとし、捕まえようとしていた子どもはそのことを「ずるい」と批判し、鬼遊びが中断せざるを得なくなってしまうような場面は、その一例である。しかし、子どもは鬼遊びをつまらないものにしたくはないので、"タイム"のとり方をなんとかルールとして確立させようと努力する。果たして、「追いかけられている時の"タイム"はナシ」ということが新たなルールとなり、その鬼遊びはさらにおもしろいものになる。子どもは、鬼遊びをやりたいから、あるいはおもしろいと思うからやり、結果として、ルールを自分たちでつくりそれを自ら守るという、「自律」の力を身につける。あくまでも、子どもはやりたいからその遊び

※3 伝統的なところでは、ヨハン・ホイジンガ（1872〜1945年）、ロジェ・カイヨワ（1913〜1978年）などが知られる。主な著書としては、ホイジンガ『ホモ・ルーデンス』、カイヨワ『遊びと人間』がある。

第7章●保育者に求められる援助の視点①－自立に向けて－

をするのである（図7－6）。

(2) 見守られているという安心が基地

　幼児期前期の遊びの自発性は、見守られているという安心を前提[※4]とした、モノや素材にかかわる"一人遊び"に見られる。主たる養育者をある意味で心理的な安全基地のようにし、この時期の子どもはさかんに"いたずら"をする。家庭であるならば、時には触ってほしくないモノ（たとえば、時計や花瓶など高価で壊れやすいもの）にも興味を示し、手を伸ばそうとする。おとなにとって大切なものが子どもの手に届かない高さの所に置かれるのは、この時期である。不安になったり驚いたりすると前述の心理的な安全基地にもどり、落ち着いたらまた出かけて行き、"いたずら"を繰り返しながら、子どもはモノや素材に向かい、感触を味わったり、対象に働きかけたりする遊びに没頭するようになる。このようなモノにかかわるプロセスを含んだ"一人遊び"は、純粋な内発的動機づけに基づくもので、このことを別の言葉でいえば、この遊びで子どもは自分自身で自らの心を満たしているということができる。

　そして重要なことは、自分自身で自らの心を満たすような遊びを十分堪能することが、後に相手（友だちなど）との関係を築く土台となるということである。これは幼稚園教育要領をみるまでもなく、保育の現場でも経験的に知られている事実である。

　それでは、子どもが自分自身で自らの心を満たす遊びを保育の現場で保障

※4　幼稚園教育要領の「人間関係　3内容の取扱い(1)」に記述されている「教師との信頼関係に支えられて」ということでもある。心理的なよりどころがあることで、はじめて、子どもは自らの世界を広げていくのであろう。

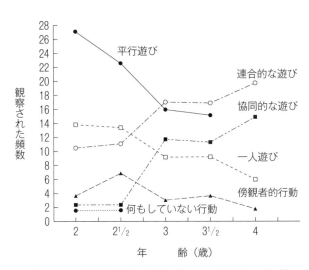

図7－6　遊びの類型の発達（Parten,1932より作成）
出典：新井邦二郎編『図でわかる発達心理学』福村出版　1997年　p.53

するために必要なことを次に考えてみよう。キーワードは、子ども観、環境、模倣、親との共通理解である。

2 ── モノにかかわるプロセスを含んだ"一人遊び"

(1) 発達を見通した子ども観

ここでの子ども観とは、たとえば、3歳児クラスの子どもとその遊びをどのようにみるのか、ということである。それは、心理的な安全基地を前提としつつ、さまざまな物や素材に自らかかわる"一人遊び"を味わいながら、同時に"保育者や友だちと一緒の心地よさ"[※5]を感じていくという、乳児期からこの時期への育ちの道筋を理解するということである。

これは、その時々における育ちを十分に保障することが、後の成長の土台となるということを確認することでもある。

※5 この時期の子どもは、"一人遊び"による自我の内面への集中と、ある意味で相反して外に向かう素朴な人間関係への志向("波長"を合わせるという)とを、同時に行う。

(2) モノにかかわるプロセスを含んだ"一人遊び"のための環境

子どもの育ちに応じたモノや素材にかかわる環境が、室内・戸外に必要である。とりわけ、対象に働きかける遊びに没頭できるようになると、子どもは自分で何かをつくるという行為に大きな喜びを見出す。これは、誰かに楽しませてもらうのではなく自分自身で自らの心を満たす行為である。そこで子どもは、時には思うようにいかないことを自己責任として受け入れつつ、うまくいった時には無上の満足感を得る。

事例1　やってみようかな（3歳児）

サヨは登園すると、製作コーナーの素材の入っているカゴのなかからロール芯を二つ準備し、望遠鏡をつくりはじめる。それを見ていたミサキも「つくりたい」と来る。サヨは二つのロール芯をテープで止めて望遠鏡をつくり、「見て見て」と保育者に見せにきた。保育者が「すてきな望遠鏡だね」と言うと、自分がつくったモノを"すてき"と言われたことで、なんとなく気分がのってきたサヨは望遠鏡にクレヨンで絵を描きはじめた。それを見ていたミサキも望遠鏡にクレヨンで色を塗って保育者に見せにくる。保育者が「いろんなところが見えるね」と言うと、その後二人はひたすら望遠鏡をつくり続ける。その後つくった望遠鏡にすずらんテープを付け、首からぶらさげて楽しんでいた。

保育者がロール芯の下を切り、たこづくりをはじめると、サヨが「つくる」とロール芯をもってくる。はさみの扱いにも慣れているせいか、いくつもいくつもつくる。その姿を近くでじっと見ていたリナに、保育者が「一緒につくろ

う」と声をかけると、空いているイスにすわってつくりだす。つくり終わると、満足そうに保育者に見せる。ミサキ、サヨは丁寧にはさみで切り込みを入れて足をつくっている。保育者がたこに帽子をかぶせたり、リボンをつけると、まねてつくろうとする。

　入園当初、泣くことの多かったレンは、製作コーナーで保育者といることに安心する傾向があった。そこで、保育者は、レンの好きな電車づくりを一緒にはじめた。ティッシュ箱にロール芯をつけていく。周りで見ていたナオキ、リクたちに、「すげえ〜」「かっこいい」と言われたことに多少動揺しつつも、うれしそうにつくっている。

　そのような"モノづくり"が楽しめるような空間を、保育室の一画に設けたい。そこにはつくるのに必要な道具と素材が常に用意されていて、落ち着いて座ってモノに向えるような環境構成が求められる。

自分に向きあう"一人遊び"

(3) 友だちの模倣からモノにかかわる

　ただし、すべての子どもが、モノにかかわる"一人遊び"を最初から楽しめるわけではない。保育者や友だちのやっている遊びを見て、「わたしもやってみようかな」と心を動かし、モノに向かいはじめることがよく見られる。

　モノづくりが好きで得意なサヨと保育者の姿が、とても魅力的であったのだろう。遊び込めるものが見つからなかったミサキやリナ、そして入園後、園に慣れるのに時間がかかったレンも、モノに向かい遊びはじめたことで、自分で自身の心を満たすようになっていった、ということができる。

(4) 親との共通理解

　これまで述べてきた、モノにかかわるプロセスが含まれている"一人遊び"の意味や価値を親と共有する必要がある。それは、わが子が"一人遊び"をしている姿を、親は"社会性の欠如"、あるいは"仲間外れ"にされている状況と受け止める傾向があるからである。

　保育者はその専門性を生かし、親に乳児期からの育ちの道筋を説明し、その時々の子どもの成長を共に喜び合いたいものである。そのことが、結果的に子どもの成長をより確かなものにする。

第4節 ● 保育者、友だちと共に過ごすことの喜び

1 ── 一緒にいることの"心地よさ"

(1) "一緒の心地よさ"とは

　前節第2項の(1)で、この時期（幼児期前期）の子どもは、さまざまなモノや素材に自らかかわる"一人遊び"を味わいながら、同時に"保育者や友だちと一緒の心地よさ"を感じていく、ということを述べた。それでは、"一緒の心地よさ"とはどのようなことなのだろうか。そして、そのことは人とかかわる力の育ちにとってどのような意味をもつのであろうか。

　幼児期前期の子どもは、「友だちになろう」とか「仲よくしよう」という言葉を必要とせず、一緒に遊ぶことができる。その姿は、子どもが相手と言葉以前のレベルでのつながりを楽しんでいる、とみることができる。言葉以前のレベルでのつながりは、なんとなく同じ動作をしてみたり、同じリズムで動いてみたり、同じものを所有してみたりなどの姿でみることができ、これはおそらく、"心の波長"あるいは"ノリ"が合うといったものだと思われる。この時期の子どもは、手遊びのような音声と動作が伴う遊びが大好きである。保育者を交えた集まりの場面などで、このような遊びを思い切り楽しみたい。

(2) "一緒の心地よさ"の発達的意義

　子どもは、なぜ"仲直り"をするのであろうか。保育者に「仲直りしなさい」と言われるからするのであろうか。改めて言うまでもないことだが、おとなから「ごめんなさい」を言わされる形だけの"仲直り"は、かえって子どもの心にわだかまりを残し、人とのかかわりに悪影響を残す。保育者は、育ちの道筋を理解し、子どもに本来の"仲直り"を求めたい。

　さて、子ども同士の対立場面（けんか）で、保育者がお互いの思いを十分に聴きながらかかわった場合、しばらくすると保育者の存在とは無関係に、

みんな一緒、先生も一緒

子ども同士で「さっきは　ごめんね」、「また　さっきの○○ごっこ、やろう」などと言い合っているのを見ることができる。このように、子どもの根底には"一緒"に遊ぶことへの強い欲求があるのだろう。それは、"一人遊び"で自身の満足を得ながらも、"一緒"に遊ぶ時にはそれ以上の満足を得ることができると感じている[※6]、ということだと思われる。このような姿から、"一緒の心地よさ"は"仲直り"の原動力であると考えられる。

2 ── 共振的関係の構築

(1) 遊び場面

"一緒の心地よさ"は、保育者が介在する子ども集団で、"心の波長"あるいは"ノリ"を合わせることで育まれる。ここでは、言葉以前のレベルでのつながりを「共振的関係」とし、そのような関係がどのような場面で構築されるのかを考えたい。

前項で述べたように、この時期の子どもは手遊びが大好きである。この遊びでは、声と体の動きが主要な役割を果たしており、このことを考えると、遊びのさまざまな場面で「共振的関係」を意識することができる。

歌う時には、ただピアノを使って歌うだけではなく、"ノリ"を合わせたり唱和することを心掛けたい。時にはピアノを使わず、保育者が率先して手拍子したり体を揺らせたりしながら楽しむことが重要である。

歌に関連したことでは、遊び歌（主にわらべ歌調）を伴う遊びも重要である。たとえば、"あぶくたった"や"かごめかごめ"など、声と体の動きで楽しさが構成された遊びは、「共振的関係」を育てやすいように思われる。

※6　"一緒"に遊ぶことの満足は、遊びのなかで、「他の幼児と試行錯誤しながら活動を展開する楽しさや共通の目的が実現する喜びを味わう」ということである。このことは幼稚園教育要領の「人間関係　3内容の取扱い(3)」に記述されている。

事例2　なんか楽しいんだな（3歳児）

グラウンドに出て、保育者二名と数名の子どもたちで手をつなぎ、「むっくりくまさん（鬼遊び）」をはじめる。手をつなぎまるくなり、回りながら、「♪むっくりくまさん、むっくりくまさん、あーなーのなか……」と歌を歌いはじめると、子どもたちの表情がはしゃいだ感じになる。そして、だんだんその表情と気持ちは高まり、「♪めをさましたら、めをさましたら、たべられちゃうぞー」で、クライマックスを迎える。

なかにいた保育者が「食べちゃうぞ〜」と言いながら、子どもたちをつかまえようとすると、「キャ〜」と言いながら逃げ回る。それを見ていた他の子たちも入り、また遊びがはじまる。くりかえし楽しんでいると、なかに入る子どもたち（くま）が増える。単純な遊びだが、そのなかでのドキドキ・ワクワクす

> る気持ちが楽しい。友だちと同じ動きを楽しむようになり、同じ場を共有することで、"みんな"で遊ぶ楽しさを感じるようになっていく。

　3歳児のこの時期では、遊びのなかでも、身体と音声をともに使う遊びが、特に楽しい。「あぶくたった」もそうだが、遊び歌から入る鬼遊びでは、その歌が子どもたちの"心の波長"を合わせたり高めたりすることに役立っているようである。運動会が終わったこの時期では、"心の波長"が合うことで、ことさら"一緒の心地よさ"を感じるようである。このような遊びを積み重ねることで、子どもは「一人で遊ぶのも楽しいけれど、みんなで遊ぶのも楽しい」という気持ちを育むのであろう。そして、このような気持ちが土台になることで、友だちとのトラブル（けんか）の場面でも、自分から"仲直り"しようとする姿を見せるようになるのではないかと考える。

　一方、かけっこや簡単なゲームでも「共振的関係」の育つ場面が見られる。3歳児クラスの子どもなどでは、相手と競い合うことよりも相手と並んで走ることにかけっこのおもしろさを感じているようである。短い距離を行き来して走るようにすると、時には隣の子どもが追いついてくるのを待って"一緒に"かけっこを楽しむ。また、"どんじゃんけん"や"だるまさんがころんだ"のようなゲームでも、声と体の動きを意識しながら楽しむことができる。

(2)　生活場面

　「共振的関係」の育ちは、遊び場面以外でも見られる。たとえば一人では運べないもの（テーブルや大きな積み木など）を数人の子どもで移動させる時、保育者が傍らで「よいしょ、よいしょ」と声をかけながら行うと、かけ声とともに子ども自身も作業を楽しんで行うことができる。

　また、暮れの大掃除で保育室の"ぞうきんがけ"を行うような場面でも、「せーの」と声をかけて一緒に作業すると、子どもは時々表情を見合いながら"ぞうきんがけ"を楽しそうに行う。

むっくりくまさん♪むっくりくまさん♪
（鬼遊び）

第7章●保育者に求められる援助の視点①－自立に向けて－

第5節 ● 遊びや活動をやり遂げる

1 ──「合意の形成」ということ

(1) 「合意の形成」とは

　ここでは、「合意の形成」ということをもとに、主に幼児期後期の子どもが遊びや活動をやり遂げる姿を考えていく。

　「合意の形成」とは、一言で言うと、対立しても"けんか別れ"せずに一つのことをやり遂げるということである[※7]。育ちの道筋において、それぞれの子どもが自己を主張するようになれば、そこには何らかの対立が生じる。その時に、"一緒に"やろうとしていたそのこと（遊びや活動）をぜひともやり遂げたい、決して放棄してしまいたくないという思いから、子ども双方が納得する解決策を見出すことである。

　たとえば、5歳児クラスの子どもが手づくりの劇をつくる過程で、「こま回しを見せたい」という欲求と「つくった衣装を見せたい」という欲求とが対立した際、衣装を着て自己紹介をした後にこま回しを披露するという合意が形成された。それぞれが自己を主張した時には激しく対立するが、「合意の形成」は、最終的にお互いが嫌な思いをしない問題解決のあり方である。それは、どちらかが"勝ち"どちらかが"負ける"ということではなく、"自分も相手も大切"にする人間関係を構築することでもある。そのような意味から、「合意の形成」は、"キレイごと"で安易な妥協と一線を画す。

(2) 「合意の形成」への道筋

　前述したように、「合意の形成」は決して"キレイごと"で安易な妥協ではなく、時には厳しい過程を経て実現される。それは、少なくても以下のような過程を積み重ね、まず遊びのなかで達成される。

※7　これは、お互いの関係を断ち切らないということである。幼稚園教育要領の「人間関係　3内容の取扱い(2)」では「一人一人を生かした集団を形成」とあるが、これは、※8でふれた「他の幼児と試行錯誤しながら活動を展開する楽しさや共通の目的が実現する喜びを味わう」ことができる集団であり、そこを支えるものは、双方が納得する解決策を模索する力である。

> ・自身で自らの心を満たし、遊びのなかでの自立を獲得する。
> ・"保育者や友だちと一緒の心地よさ"を体感する。
> ・自己表現、あるいは自己を主張する。
> ・対立場面で、相手の思うようにさせられることの不快を感じる。
> ・対立場面で、相手を思うように動かすことの限界を感じる。
> ・相手のことを自分のこととしてとらえる、"のっぴきならぬ"関係を構築する。
> ・"一緒に"一つのことをやり遂げたいという強い欲求をもつ。
> ・"自分も相手も大切"にしながら問題を解決できた時の成功感を得る。

2 ── 人とかかわる基盤を築くために

(1) 人間関係そのもののなかで

このような「合意の形成」が、まず遊び場面で獲得され、その力が人間関係そのものに波及していくことになる。人とかかわる基盤を築くうえで、このことはどのような意味をもつのであろうか。

> **事例3　自分も大切、相手も大切（5歳児）**
> 　5歳児クラスでのある日、ペープサートに取り組む過程で、誰が一番に登場するのかということでユイとケイが対立した。ユイとケイは4歳児の時から一緒のクラスで、お互いに自己主張を繰り返し、それぞれが相手を思うようにさせようとする対立を重ねてきた間柄である。
> 　結局、最初の場面でケイが最初に出るということで合意が形成された。するとユイが、「わたしは小さい組の時からケイ君とけんかばっかりしてきたけれど、私はケイ君が嫌いじゃないからね」と言って、保育者を驚かせた。

　ケイは人とのかかわりにおいて個別の課題を抱えた子どもであったが、ユイはその"異質性"を排除することなく、ケイを仲間として受け入れたのだと思われる。「合意の形成」の力が、人間関係そのものに波及したといえる。

(2) 「未来からの留学生」として

　子どもは、今この社会で学んだことをもとに未来の社会をつくるという意味で、「未来からの留学生」だといえる。
　<u>人間が複数いれば必ず対立が生じる。問題は、その対立の解決の方法であり、「合意の形成」は"勝ち負け"による解決をめざさない</u>。はじめは遊びのなかでではあるが、子どもは双方が納得する解決策を模索する。それは、ある子どもが別の子どもを"わがまま"な思いのままにさせるのではない。そ

れは、ある種の権力を行使してどちらかが一方を制圧するような方法でもない。"自分も大切・相手も大切"という子どもの遊び場面での関係が人と人とのかかわりの基盤となったらば、地球上で繰り広げられているさまざまな対立の解決方法も、将来、変わるかもしれない。

みんなでやるから、手遊び楽しい

● 「第7章」学びの確認
①各年齢の発達的特徴を簡単に書き出してみよう。そして、どのように発達していくかを話し合いながら考えてみよう（例題：4歳児クラスと5歳児クラスを比べて、友だち関係はどのように異なるだろうか）。
②幼児期の一人遊びが、自分勝手やわがままに結びつかないのはなぜなのかを考えてみよう。
③子どもは、なぜ、自分から仲直りしようとするのかを考えてみよう。

● 発展的な学びへ
①子どもの自立心を育むためにはどのような経験が望ましいか、みんなで話し合ってみよう。
②遊びのなかでの子ども同士の対立は、ある意味で必要であるといえるが、それはなぜなのかを考えてみよう。

引用・参考文献

1) 澁井展子『乳児期の親と子の絆をめぐって』彩流社　2007年　pp.135－153，pp.173－205
2) ベネッセ教育総合研究所「第2回 乳幼児の親子のメディア活用調査　速報版」2017年（http://berd.benesse.jp/up_images/research/sokuhou_2-nyuyoji_media_all.pdf）
3) 神田英雄『伝わる心がめばえるころ－2歳児の世界－』かもがわ出版　2004年
4) 岸正寿・戸田大樹・荒木由紀子「保育内容『人間関係』の指導法に関する一考察－幼児期の人間関係の形成に着目した事例の検討を通して－」『教育学論集』第69号　2017年　pp.109－127
5) 山口優子・香川克・谷向みつえ「保育園児のいざこざプロセス」『関西福祉科学大学紀要』第13号　2009年　pp.247－260
6) 利根川彰博「幼稚園4歳児クラスにおける自己調整能力の発達過程－担任としての1年間のエピソード記録からの検討－」『保育学研究』第51巻1号　2013年　pp.61－72
7) 無藤隆・汐見稔幸・砂上史子『ここがポイント！3法令ガイドブック－新しい「幼稚園教育要領」「保育所保育指針」「幼保連携型認定こども園教育・保育要領」の理解のために－』フレーベル館　2017年
8) 君岡智央「試行錯誤し工夫しながら遊ぶための環境・援助とは－5歳児における作って遊ぶ活動に焦点をあてて－」『広島大学附属三原学校園研究紀要』第6巻　2016年　pp.45－50
9) 君岡智央「友だちと協同して遊ぶようになるための環境・援助を探る－共通の目的に向かって取り組む5歳児の活動に焦点をあてて－」『広島大学附属三原学校園研究紀要』第7巻　2017年　pp.27－34
10) ベネッセ教育総合研究所「幼児期から小学1年生の家庭教育調査」2016年（http://berd.benesse.jp/up_images/research/20160308_katei-chosa_sokuhou.pdf）
11) ベネッセ教育総合研究所「第5回幼児の生活アンケートレポート」2016年（http://berd.benesse.jp/up_images/research/YOJI_all_P01_65.pdf）
12) 大場牧夫・大場幸夫・民秋言『子どもと人間関係』萌文書林　2010年
13) 神田英雄『3歳から6歳－保育・子育てと発達研究をむすぶ－〔幼児編〕』ひとなる書房　2004年

●○● コラム ●○●

キレイごとの"仲よし"は、もうやめよう

　いわゆるキレイごとに属するものはたくさんあるが、"仲よし"というものほど、人間関係能力の育ちを阻害してきたものはないのではないだろうか。もちろん、仲のよい人間関係を築くことが悪いと言っているのではない。ただ、そんなにたやすく、キレイに、仲のよい人間関係に到達することはできないだろう、ということである。私たちは、自分が望む方向に向かうために、周囲の人たちとどのようにつき合ったらいいのかということを常に考え、悩む。自分の好き勝手を言ってばかりいてもうまくいかないし、相手の言いなりになっていてもおもしろくない。時には、そもそも自分は何をしたいのかということ自体がわからなくなったりもする。そして、楽しくないことを、知らず知らずのうちに誰か他人のせいにしようとしてしまう。

　まず、小さい頃の"一人遊び"を十分に保障すべきだと思う。おとなは"一人遊び"をしている子どもを、協調性のない子どもと見がちである。しかし、この頃の"一人遊び"こそが、自ら自己を満たす行為であり、自己の責任において自分は何をしたいのかを考える基礎であると思われる。

　そして、子どもがそのような自己を主張すれば、当然、互いに対立もする。しかし、互いに互いが必要な存在であることを知れば知るほど、子どもは「合意の形成」をめざすようになる。「合意の形成」とは、"自分も相手も大切"にする問題解決のあり方であり、そこでは、互いが納得する選択肢が選ばれる。おとなが"けんか"を無理やりやめさせ、形だけの"仲よし"を強要するところからは、「合意の形成」は生まれない。

第 8 章 保育者に求められる援助の視点②－協同に向けて－

> ◆キーポイント◆
>
> 　子どもたちは、保育者に支えられながら友だちと一緒に生活することを通して、仲よしの友だちができ、一人より友だちと一緒に遊ぶほうが楽しいという気持ちを味わい、より豊かな生活を送ることができるようになる。
>
> 　しかし、友だちと一緒に遊ぶなかでは、いつも自分の思い通りにいくわけではなく、思いがぶつかってけんかになったり、友だちと一緒に遊びたいのに遊べなかったりなど、トラブルや葛藤も経験する。そのなかで、相手の考えや気持ちに気づき、友だちと一緒に楽しく遊ぶためには、自分の思いを抑えなければならないこともあることを体験を通して理解する。自分の思いを主張しながら友だちと一緒に活動するなかで、次第に共通の目的を見出し、その目的を達成するために、思いや考えを伝え合ったり、互いのよさを認め合ったり、工夫したり、協力したりして活動に取り組む。そして、目的を達成したときには、みんなでやり遂げたことの大きな満足感や充実感を感じることができる。
>
> 　本章では、このような協同に向けての保育者の援助について、事例を通して具体的に考えていきたい。

第1節 ● 友だちと共感する －協同に向けての第一歩－

1 ── 大好きな友だちとは共感をもちやすい

　「共感」ということは、相手が感じている思いを同じように感じたり、理解したりするということである。そのためには相手の立場に立って考えることが必要であるが、それは、子どもだけでなくおとなにとっても難しいことである。しかし、大好きな友だちが相手であれば、比較的容易に相手の立場に立って、同じ思いを感じることができるのではないだろうか。

　筆者が担当している授業のなかで学生が報告した事例に、次のようなものがあった。

事例1 「私も水ほしい…」（3歳児）

　アカネとワカナは、最近とても仲よくなってきた。この日も二人で砂場へ行き、それぞれにスコップで穴を掘りはじめた。穴ができると「水ためようか」ということになり、アカネがホースで穴のなかに水を入れはじめた。アカネの穴には水がたくさん入ったが、ワカナの穴にはホースが届かないためあまり水が入らない。

　ワカナ「私のにも水入れてー」
　アカネ「でも、ホース届かないもん」
　ワカナ「えー！私も水ほしい……」（だんだん声が小さくなる）
　アカネ「じゃあ、2人で水運ぼうか」
　ワカナ「うん」
　2人は穴を掘っていたスコップで水を運びはじめた。少し時間はかかったが、ワカナの穴にも水がたまった。
　ワカナ「わー、たまったー。アカネちゃん、ありがとう！」

「お水、いくよー！」

　アカネは自分の穴に水がたまったことに満足感を得ているが、「私も水ほしい」というワカナの言葉で、ワカナが悲しい思いをしていることに気づいた。大好きな友だちだからこそ、ワカナの悲しい気持ちが自分のもののように感じられ、ワカナの立場に立って、二人で一緒に水を運ぼうと考えたのではないだろうか。そして、二人で力を合わせて水を運ぶことで、ワカナの穴に水をためるという共通の目的が達成され、アカネもワカナも二人でやり遂げたという大きな達成感を味わうことができた。「アカネちゃん、ありがとう！」というワカナの感謝の言葉に、アカネはワカナの役に立っているという有用感や存在感を感じたであろう。このようにして、アカネとワカナのかかわりも深まっていったと考えられる。

2 ── 友だちとの共感を深めるための保育者の援助

　事例1が示しているように、友だちと共感するということは、仲よしの友だちとの間で経験されやすい。したがって、「共感する」という経験をするためには、仲よしの友だちができるように友だち関係を紡いでいくという保育者の援助が大切である。しかし、それ以前に、子どもが自分の思いを十分に発揮し、やりたい遊びに取り組みながら、そのなかで気の合う友だちを見つけることができるような、安心感を感じることのできる状況をつくっていく

ことがより大切である。さらに、保育者自身が一人ひとりの子どもの気持ちに共感的な姿勢で生活することも重要である。友だちとのかかわりのなかでは楽しいことも多いが、うまくいかないことや悲しいこともある。そのようなときに保育者に共感してもらった経験が基になり、自分も友だちの喜びや悲しみに共感することができるようになっていくのではないだろうか。

「友だちと共感する」ための保育者の援助の視点は、次のようにまとめられる。

・一人ひとりの子どもが自分の思いを十分に発揮し、安心して自分のやりたいことに取り組むことができるようにする。
・自分で気の合う友だちを見つけることができるように見守ったり、友だち関係を紡いだりなどの援助をする。
・友だちとさまざまな感情の交流をすることができるようにする。
・保育者自身が共感的な姿勢で過ごすモデルとなる。

第2節 ● 伝え合いと相手の思いへの気づき

1 —— 互いの主張がぶつかりあうとき

事例1では、ワカナには大好きな友だちアカネがいて、その友だちに自分の思い(「私も水ほしい」)を伝えたことで、アカネはワカナの思いに気づき、二人で力を合わせてワカナの穴に水をためることができた。この事例1では、子ども同士で伝え合いや相手の思いに気づくことができているが、保育者が間に入って互いの思いを伝えることが必要な場合も多い。

事例2 「いやー、これがいいの！」（2歳児）
　カズキとユウはいつも一緒に遊ぶ仲よしの友だちである。この日も二人一緒に砂遊びをしていた。最初、二人は仲よくお弁当をつくっていた。すると、カズキはユウのもっていた木の棒が目についたようだった。
　カズキ「その棒ちょうだい」
　ユウ「いやー。ぼくが見つけたんやもん」と棒を貸そうとしない。
　保育者（実習生）はカズキに、「じゃあ、あっちで棒さがしてこようか」と言ったが、カズキはユウのもっている棒がどうしてもほしいらしく、「いやー、これがいいの！」と言ってその場を動こうとしない。二人とも一歩も引かない状態がしばらく続き、カズキは泣き出してしまった。保育者（実習生）はどう

することもできなくて、どうやったらカズキに諦めさせることができるかということばかり考えていた。何もできず、しばらく二人を見守っていると、ユウが「使っていいよ」とカズキに棒を渡した。カズキも「ありがとう」ととてもうれしそうで、また二人で仲よく遊びだした。

　仲よしのカズキとユウであるが、はじめはそれぞれに自分の立場から主張していて、互いの思いを伝え合うことができていない。カズキは、仲よしのユウがもっているその棒がほしい。しかし、ユウは、自分が見つけた棒を譲りたくない。おとなから見れば、ユウの主張が正しく、カズキは別の棒で我慢すべきだろう。実習生である保育者もそのように考え、なんとかしてカズキに諦めさせ、その場を治めたいと考えていた。

　しかし、この時のカズキにとっては、ユウのもっている棒がほしいのであって、他の物では代用がきかなかったのだろう。カズキ自身もその気持ちが正当ではないことに漠然と気づいていたのかもしれない。ところが、自分の思いをどのように収めたらよいかわからず泣き出したことで、その気持ちがユウにも伝わったのではないか。「使っていいよ」というユウの言葉には、「自分のモノだけど、自分も使いたいけど、カズキ君がそんなに使いたいのなら『使っていいよ』」という気持ちが込められているのではないだろうか。

　保育に正解はないとよく言われるが、経験の豊かな保育者であったら、カズキの気持ちをほかに向けて、その場をうまく治めることができたかもしれない。しかし、それが本当に二人の納得のいく解決方法かといえば、疑問も残る。もしかしたら、実習生のように見守ることしかできなかった対応によって、ユウがカズキの気持ちに気づき、自分の思いを抑えて棒を貸すということができたのかもしれない。この実習生の援助が素晴らしいとはいえないが、カズキやユウと共にどうしたらいいかを真剣に考えている姿勢は評価できるのではないだろうか。

2 ── 互いが主張し、相手の思いに気づくための保育者の援助

　相手の思いに気づくためには、一人ひとりの子どもの主張や気持ちを十分に受け止め、それぞれの自己主張がぶつかり合うことを相手の気持ちに気づく機会と考えて援助することが重要である。そして、自分たちで納得のできる方法を見出すことができるように援助していくことが求められる。

　「互いの思いを伝え合い、相手の思いに気づく」ための保育者の援助の視点は、次のようにまとめられる。

・安心して自分の思っていることを相手に伝えることができるようにする。

・相手にも思っていることや言いたいことがあることに気づくことができるようにする。
・保育者が仲立ちとなり、互いの思いを伝え合うことができるように丁寧に伝えていく（状況に応じた適切な保育者のかかわり）。

第3節 ● 友だち同士をつなぐ

1 ── つなぐことで生まれる共感

　子どもたちはけんかや自己主張のぶつかり合いを通して、自分の思いと違う思いが相手にあるということを知っていく。違いがあることを知ることにより、自分とは違う方法での遊び方を知ったり、自分の考えでは及ばなかったことに気づいたりする。いろいろな考え方ややり方を知り、自分だけではできなかったことも、友だちと一緒にすることで可能になったり、より豊かな遊びになったりする経験をする。そして、いろいろな考え方ややり方があることのよさがわかり、多様性を認めるということにつながっていくのではないだろうか。保育者は、それぞれの子どもの思いや考えのよさを伝え合うことができるように、友だち同士をつないでいくことが必要であろう。

事例3　木をつくろう（5歳児）

　5歳児クラスでは「森の音楽会」をするという共通の目的に向かって、それぞれのグループで木を製作することになった。木の種類を何にするのか、木の幹や枝は何でつくるのかをグループごとに話し合った。ハルマとアヤカは、普段はあまり二人の間でトラブルが起きることはないが、グループの話し合いのなかでは意見が合わない。
　ハルマ「幹の部分は牛乳パックにしよう！」
　アヤカ「え〜、私はペットボトルがいい。だってペットボトルのほうが硬くていいもん。牛乳パックは柔らかいし……」
　ハルマ「そんなことないよ！ちゃんとできるよ。ぼく、牛乳パックでするほうがいいと思う」
と、お互いに自分の意見を主張して、受け入れない。そこへ担任のK先生がやってきて話し合いに加わり、それぞれの意見を確認した。
　K先生「そうか、ハルマ君が言うように、牛乳パックだって固めてひとつにすればしっかりと硬い幹になるね。アヤカちゃんのペットボトルも

> 丈夫にできているから、きっとすてきな幹がつくれるね。どっちもいい考えだから、決めるのは難しいね。みんなはどうしたらいいと思う？」
> 　先生が間に入ったことにより、ハルマもアヤカもそれぞれの意見のよさに気づき、他の子どもたちも考えを言うことができた。その結果、グループみんなで話し合ってペットボトルでつくることになった。ハルマとアヤカも、もう納得していて、「大きいのつくろうね～！」と張り切っている。

　この場面で、K先生はナラティブ・アプローチ[※1]という援助の方法を取っていると考えられる。まず、ハルマ、アヤカがそれぞれに自分の考えを語ることができるように援助している。そのことにより、二人とも自分の考えに固執している状態から、相手の考えを受け止め、互いの考えを振り返り、客観的にとらえることができるようになった。そして、「みんなはどうしたらいいと思う？」というK先生の言葉で、グループの他の子どもたちも話し合いに加わることができ、みんなで解決方法を見出すことができた。

　子どもたちだけではそれぞれの意見がまとまらなかったが、保育者が加わり、それぞれの意見のよさを認めることによって、ハルマもアヤカも満足感を得ることができ、相手の考えのよさを認めることができたのではないだろうか。この事例3から、一人ひとりの考えや気持ちを尊重してかかわることの大切さを学ぶことができる。「友だち同士をつなぐ」ということは、一人ひとりの心をつなぎ、互いのよさに気づくことができるようにするということであり、そのためには保育者自身が一人ひとりのよさを認め、伝えていくように援助することが大切である。

※1　保育者が問題解決方法を示すという援助の方法ではなく、子どもたち自身が自分の考え（物語）を語りながら問題を客観視（外在化）し、自分たちで問題を解決できるように保育者も一緒に考えていく援助の方法。

2 ── 友だち同士をつなぐための保育者の援助

　「友だち同士をつなぐ」ための保育者の援助の視点は、次のようにまとめられる。

・友だちとさまざまな心を動かす出来事を共有し、互いの感じ方や考え方、行動の仕方などに関心を寄せることができるようにする。
・互いの感じ方、考え方、行動の仕方などの違いや多様性に気づくことができるようにする。
・互いが認め合うことで、より生活が豊かになっていく体験を重ねることができるようにする。
・よき理解者として、一人ひとりの子どもに愛情をもって温かい目で見守り、保育者自身が一人ひとりのよさを認める。

第4節 ● 友だちへのあこがれと認め合い

1 ── 共感が「集団」を育てる

　保育者の支えを得て、一人ひとりの子どもが自分を発揮しながら集団生活を営んでくると、それぞれのよさや特徴が他の子どもたちにも理解されるようになる。

事例4 「カズフミくん、がんばって」（5歳児）

　朝の好きな遊びの時間に、みんなで鉄棒をしていた。運動が得意な子や苦手な子など、一人ひとりの個人差がみられた。鉄棒が得意な子は、「見て、見て」と得意気に逆上がりや前回りなどを見せてくれる。鉄棒が苦手な子や嫌いな子は、鉄棒をしている子を見ているだけで、自分からはしようとしない。
　カズフミも見ているだけだったので、保育者（実習生）はカズフミに鉄棒をすることを勧めた。最初はしようとはしなかったが、だんだんやる気が出てきたのか、鉄棒を握りはじめた。鉄棒を握り、何度も助走して逆上がりをしようとしたが、できなかった。それでもカズフミががんばっていると、今まで鉄棒をしていたカナコ、モモカ、ヒカリたちがやってきて、
　　カナコ「カズフミくん、手はもっとこうやって」
　　モモカ「もう少し鉄棒に近寄るとできるよ」
　　ヒカリ「カズフミくん、がんばって！」
と、応援しはじめた。知らない間に驚くほどたくさんの友だちが集まってきて、みんなでカズフミを応援していた。

　この事例は、がんばっているカズフミと応援する子どもたちの姿に感動した実習生の報告である。はじめにカズフミを応援した3人は、それほどカズフミと仲がいいというわけではなかった。仲よしの友だちではないけれども、一生懸命がんばっているカズフミの姿に心を打たれ、その姿を認めて応援したい気持ちになったのだろう。集団のなかの一人ひとりのよさが生かされ、認め合い、「集団が育つ」ということを実感させられる事例である。

2 ── 友だちへのあこがれと認め合いを育むための保育者の援助

　『やっぱりそうだよね』※2というDVDがある。ある幼稚園の5歳児の発表会に向けての取り組みの様子を記録したものであるが、そのなかに、一緒に

※2　塩美佐枝監修、聖徳大学企画、文部科学省特別選定幼児教育研修用DVD。5歳児3学期の発表会に向けて友だちと協力して活動を豊かに展開しようとする子どもたちの姿と、子ども同士の心のつながりのある温かい学級集団を育てようとする教師の姿が映し出されている。

第8章●保育者に求められる援助の視点②ー協同に向けてー

創作劇に取り組んでいる歌の上手なレンタロウくんが、発表会で歌う歌を決めるシーンがある。レンタロウくんは、自分で「うれしいがいっぱい」という歌に決めたのであるが、それを聞いた劇の仲間たちが、「やっぱりそうだよね。レンタロウくんにぴったり！」「よく似合う！」と口々に言う。これは、レンタロウくんのよさを認めた発言であり、レンタロウくんのことをよく理解したうえで「やっぱりそうだよね」という言葉になったのだと思われる。はじめはバラバラだった集団が、発表会で一緒に劇をするという共通の目的に向かって活動するなかで、心がつながり合い、認め合う仲間になっていく過程がよくわかる。

　事例4からも、『やっぱりそうだよね』からも共通していえることは、一人ひとりが生きる、よさを認め合える集団をつくっていくことが保育者の重要な役割であるということである。その役割を果たすために、保育者には、子どもたちと共に生活するなかで一人ひとりの存在を大切に考え、ありのままの姿を受け入れていく姿勢が求められる。そして、そのような保育者の姿勢が子どもたちに影響を与え、一人ひとりの子どもがよさを認め合う集団が醸成されるのではないかと考える。

　「友だちへのあこがれと認め合い」を育むための保育者の援助の視点は、次のようにまとめられる。
・一人ひとりの子どものありのままの姿を受け止め、十分に自分を発揮して過ごすことができるようにする。
・一人ひとりの子どものよさを認め、他の子どもたちに伝える。
・一人ひとりの思いを受け止めながら、心のつながりのある友だち関係を醸成していく。

第5節 ● 必要とし合う友だち関係

1 ── 遊びを通じてお互いを認め合う

事例5　いっしょにつくるって楽しい！（4歳児）
　ツヨシは園庭に置いてある、建築廃材でできた積み木で線路をつくりはじめる。積み木置き場付近から並べはじめ、園庭中央に向けて長くつなげている。

> 途中でタクミがツヨシに声をかける。
> 　タクミ「いれて！」
> 　ツヨシ「いいよ」
> 　ツヨシはそう言うと、タクミにかまわず積み木を並べ続ける。しばらくして積み木置き場に戻ってみると、タクミが積み木を積み上げ、線路が立体交差するようにコースをつくっている。ツヨシは「ワー、すげえ」と言って、タクミのコースづくりを手伝いはじめる。タクミはツヨシに「すごい」と言われたことがうれしかったらしく、「ここがこうなって……」といろいろ説明しながら作業を進めている。ツヨシとタクミは、普段は一人遊びが多かったが、この日をきっかけに、二人で遊ぶことが目立つようになってきた。

　乳児期からの友だちは、近所に住んでいたり親同士が仲がよかったりという理由から、一緒にいることが多くて遊ぶようになったというケースが多い。しかし、3歳以上になり集団保育を受けるようになると、交友関係が広がるとともに、結びつく相手も変化してくる。どのような関係をつくるかにはその子の個性にあらわれるとともに、成長・発達が影響を及ぼす。

　事例5では、普段は一人遊びが多かった二人の男児だが、タクミが新しいアイデアで遊びを展開したことにツヨシが興味をもつようになる。ツヨシはタクミの遊びに参加することと同時に、タクミという友だちを求めるようになる。タクミも遊びのなかの自分のアイデアが認められて遊びが楽しくなるとともに、ツヨシという自分を認めてくれる友だちにめぐり合い、安心して自己を発揮することになる。

　幼児期は、遊びを求める気持ちと友だちを求める気持ちが混然一体となっている時期であり、それがこの時期の子どもの人間関係の特徴ということができる。保育者は、子どもの人間関係が遊びを通して形成されていくことを考慮し、<u>同じ遊びでもアイデア次第で多様な展開が可能となる環境を整えることによって、子どもたちの遊びの発展を促し、個々の子どもの自己の発揮と人間関係の形成を図っていく必要がある</u>。

2 ── 友だちと結びつくさまざまなパターン

　以下に、友だちとの結びつき方の主なパターンをあげる。
・気持ちの波長が合い、一緒にいるだけで楽しい気分になったり、一緒に声を出したり走り回ったりすることが楽しい友だち。
・遊びの趣向が似ていて、自然に同じコーナーにいたり、同じ遊びをすることが多い友だち。

・新しい遊びを提案したり、思いついたおもしろいアイデアを出し合ったりすることで、互いに遊びを通して刺激し合う友だち。
・お互いに特別に仲よしだという意識があり、集団のなかでトラブルがあってもいつも味方をしたり、励まし合ったりする友だち。

　年齢が低い子どもほど気分的な要素が大きく影響するようだが、幼児期では遊びの方向性や楽しさに友だち関係の比重が大きくなってくる。また、遊びのなかで相手といると楽しいというだけでなく、やさしいとか親切であるなどの人格的なことや、何かができることや頼りになることへのあこがれが友だちとの結びつきの契機になり、友だち関係が多様になってくる。

　保育者は、子どもたちの興味関心に合わせた遊具や環境を整えるだけでなく、子どもの発達過程に合わせ、一人で遊ぶための遊具、一人でも二人以上でも遊ぶことができる遊具、二人以上でなければ遊ぶことができない遊具など、友だち関係の発達に合わせて遊具の特質を把握して環境を設定することが重要になる。また、子どもが求める遊びや遊び方、また友だちに求めるものは刻々と変化しているため、それらを把握する視点が必要となる。

建築廃材を用いた積み木遊び

第6節 ● 協同する経験

1 ── 協力することでできる遊びを経験する

　協同的な遊びとは、他者と協力することではじめてできる遊び、たとえば集団でのごっこ遊びや大規模な製作活動、演劇、ルールのあるスポーツなどである。どれも一人では取り組むことができず、役割分担や他者と協力することが必要となる。

　幼児教育では、子どもたちがこのような遊びに楽しんで取り組み、全体や他者のことを考える経験を積むとともに、そのなかで自分らしさを発揮することをねらいとしている。

事例6　乗れたよ、乗れたよ（5歳児）

　6月後半から、園庭に組み立て式のプールを設置し水遊びを始めたが、それと並行して牛乳パックやペットボトルなどを用いた船の製作活動が行われていた。

　多くの子どもたちは、材料に思い思いの飾りつけを施し、水に浮かべていたが、トモキが「本当に乗れる船がつくりたい」と言い出した。トモキは、牛乳パックの口をガムテープで密閉し、それを十数個つなげ、水遊びの際にそれをプールに浮かべ、そのうえに乗ろうとしはじめた。しかし、十分な浮力を得ることができず、ひっくり返ったり壊してしまったりしていた。

　他の子どもたちは、その様子を見て興味をもち、こうしたらいい、ああしたらいい、と口々に言いだした。そして、トモキを手伝い、みんなで本当に乗ることができる船をつくろうということになった。保育者はその様子を見て、牛乳パックなどの材料を確保し、展開を見守ることにした。

　翌日、作業がはじまると、すぐに意見の違いが表面化した。早く仕上げて浮かべたい子、きちんと仕上げたい子、友だちの作業に口を出してばかりの子、浮かぶようにつくるよりも飾りつけに熱心な子などがおり、作業の進捗がバラバラでしばしば小競り合いが起こっていた。ある程度作業が進んだところで実際に浮かべてみようということになったが、しっかり固定していなかったところや、表面だけ固定し裏面を貼っていなかったところなどがあり、プールに浮かべて乗ろうとしたところで壊れてしまった。

　完成しないまま作業は3日目に持ち越した。多少メンバーに入れ替わりがあったが、残ったメンバーの間にはよい意味での緊張感が漂い、みな黙々と作業を進めた。長さ2メートル弱、幅1メートル強の牛乳パックのいかだの完成が近づくと、子どもたちの雰囲気が和やかになり、他の年齢の子どもたちも集まってきた。

　完成すると、誰が最初に乗るかという話になり、この遊びを考えたトモキが乗るということで話がまとまった。いかだを浮かべ、トモキがそろりそろりと乗ると、いかだはそのまま浮かび、みなが大きな歓声を上げた。

　協同的な遊びというものは、このように自然発生的に起こらざるを得ない形で起こる。そこで、他者を受け入れざるを得ない状況を通して協力することを経験し、さらにその延長線上で、一人では成しえないような遊びの達成感を経験する。このような経験を繰り返すことによって、<u>他者と協力してものごとに取り組もうという気持ちや態度が身につき、また、他者と協力することではじめてできるような遊びにも取り組み</u>

こんなに高くなったよ

たいという意欲が育ってくる。
　協同的な遊びは、事例のように自然発生的に起こることもあれば、保育者が計画的に仕掛ける場合もある。いずれの場合も、遊びが盛り上がりそのなかで協同する経験ができるためには、環境とタイミングが重要になる。

2 ── 環境の設定とタイミングのとり方

　環境設定は、大がかりな遊びを子どもたちが思いつくように十分な素材があることや、子どもたちのイメージの展開に従って柔軟に他の材料を用意できることなどが必要となる。また、遠足や散歩の機会を通じて地域社会でいろいろなものを見るという経験も、子どもたちのイメージをふくらませる環境として重要である。
　タイミングとしては、子どもたちが友だち同士でアイデアを出し合って遊ぶことが日常的になっており、時折友だちと衝突することがあってもやっぱり友だちと遊んだ方が面白いと思うようになってきていることがポイントとなる。一人遊びや平行遊びの段階の子どもが多かったり、トラブルが起こるとすぐに泣いて我を通そうとする子が多い場合などは、無理に協同的な遊びに持ち込むのではなく、少人数のごっこ遊びや構成遊びにじっくり取り組む方がよいだろう。そこで一人遊びよりも大きな遊びを楽しみ、友だちとの葛藤を乗り越える経験を積むことが、のちの協同的な遊びにつながってくる。

第7節 ● 集団生活での道徳性・規範意識の芽生え

1 ── 集団とルールにおける葛藤と規範意識

事例7　ルールを守るってむずかしい（5歳児）

ケンジ「ユタカ君とトオル君ばっかりずるいよ」
サトル「そうだよ。グーパーでチーム決めたじゃん」
ユタカ・トオル「……」
　ケンジたちが10名ほどでサッカーをしている。チーム分けをグーパーで決めたが、ユタカとトオルは一緒のチームじゃないとやらないとわがままを言うため、ケンジとサトルが怒っている。

> 　ユタカとトオルは普段から仲がよく、同じチームでプレイしたいようだ。しかし、二人とも非常にサッカーがうまく、いつも二人がいるほうのチームが勝つことになる。それではおもしろくないということになり、みんなで話し合ってグーパーでチーム分けをすることになった。しかし、ユタカとトオルはみんなが決めたことに従わず、二人でボールを蹴りはじめる。

　チーム間に力の偏りがあるためにゲームがおもしろくなくなってしまったことに子どもたちが気づき、その解決策としてじゃんけんで公平にチーム分けを決めるという方法をみんなで話し合って決めた。しかし、チーム力の偏りの原因になっていた二人はそれを受け止めることができず、みんなで決めたことに従わないでいる。二人は仲よしで、共にサッカーが上手であることもあり、いつでも一緒に楽しくプレイし、またいつでもゲームに勝って誇らしい気持ちでいたのであろう。そのため、いつも負けている他児の気持ちを理解することができず、じゃんけんでチームを分けようというアイデアも自分のかかわることとして認識していなかったようだ。ところが、実際にじゃんけんの結果、ユタカとトオルが異なるチームに分かれることになると、そこで決めたことが自分の身に降りかかってくることをはじめて実感し、何も言い返すこともできずに勝手な行動に走っている。

　ユタカとトオルはその後数日間、他児たちとこの問題でいざこざを起こし続け、楽しくゲームをすることができずに過ごした。しかし、1週間ほどたったある日、他児たちが2チームに分かれてゲームをしているところに来て、ユタカが片方のチームに入り、トオルがもう一方のチームに入っていいかと提案した。他児たちは大歓迎で二人を迎え、サッカーを再開した。ユタカとトオルはそれぞれのチームで活躍し、お互いにゴールを決める活躍をした。

　この出来事があってから、ユタカとトオルの二人はチーム分けのことでもめることはなくなった。あいかわらず自分勝手な行動が散見されたが、みんなで決めたことには従う姿勢を見せるようになってきた。

2 ── 規範意識の芽生えを養うためには

　学校教育法の改正に伴い、幼稚園における教育の目標に「規範意識の芽生えを養うこと」が盛り込まれた。ここでいう「規範意識」とは、社会のルールを守ったり自分の行動に責任をもつなど、具体的な行動に表れる意識や態度を示している。幼稚園教育においては、「道徳性・規範意識の芽生え」という形で表現している通り、規範意識そのものを身に付けさせるというのではなく、それにつながるさまざまな経験を積み、規範意識をもつ方向へ導いて

いくことを示している。このような
意識や態度は、実際の幼稚園・保育
所での生活や遊びのなかで自然に育
まれていくものであり、保育者はそ
れらがしっかりと育つように配慮し
ていく必要がある。

年齢の小さい子もいっしょに

また、幼稚園教育要領の領域「人
間関係」の内容の取扱いには、「集
団の生活を通して、幼児が人との関
わりを深め、規範意識の芽生えが培われることを考慮し、幼児が教師との信
頼関係に支えられて自己を発揮する中で、互いに思いを主張し、折り合いを
付ける体験をし、きまりの必要性などに気付き、自分の気持ちを調整する力
が育つようにすること」と記述されている。

事例7では、子どもたちはこんな風にサッカーをしたいという思いを主張
し合い、じゃんけんでチームを分けるという形で折り合いをつけ、みんなで
決めたことをみんなで守ることの必要性に気づき、自分の気持ちを調整して
仲間とサッカーをするようになっている。子どもたちの幼稚園・保育所生活
のなかには、遊びやスポーツだけでなくさまざまなところにこのような経験
をする場面がある。多くの場合、これらが育つ場面はトラブルやいざこざと
いう形であらわれるが、<u>保育者は、問題を解決することを急ぐのではなく、
子どもたち自身が問題意識をもち、解決する力が育つように見守り配慮して
いく必要がある。</u>

第8節 ● 地域の人々とのかかわり

1 ── ふれあいが地域の教育力の再生につながる

事例8　菜園活動（5歳児）

　D幼稚園では、近所で農業を営むEさんに協力していただき、菜園活動をし
ている。
　Eさんの畑の一部をD幼稚園用にお借りし、Eさんと幼稚園で相談して指導
計画をつくり、予定した作物を作付けし、栽培している。基本的な手入れはE

さんにお願いしているが、子どもたちができる作業については、Eさんに教えていただきながら子どもたちが参加して行っている。これまでに、トマト、キュウリ、ジャガイモ、カボチャ、ナス、ニンジン、カブ、ダイコンなどを栽培してきた。収穫した野菜は、幼稚園で子どもたちと調理して食べる。その際は、Eさんも招待し、みんなで収穫の喜びを分かちあう。

このような活動をしているおかげで、子どもたちはEさんを大好きになり、幼稚園の行き帰りの道でEさんが農作業をしているところを見ると、みんなは必ずあいさつするようになった。また、このような関係は卒園してからも続き、小学校の行き帰りの子どもたちもEさんにあいさつしたり、Eさんの作業を見ながら道草をしたりしている。

畑での菜園活動

近年、地域社会の教育力が低下したといわれている。これは、都市化や核家族化などの進展により近所づきあいや自治会活動などを通した地域社会の人間関係が希薄になり、子どもたちが地域の人々と交流することによって育つという教育効果が期待できなくなったということである。このため、子どもたちは家庭と教育・保育機関のみに育てられるということになり、従来は地域社会が担っていた部分が育たなくなっているということになる。

この影響は決して小さいものではない。子どもたちの社会性の低下につながっていることが指摘されているだけでなく、家庭の教育力自体の低下にもつながっているといわれている。これは、親が地域の他の家庭の子育てを見ることにより自分の子育てを見直したり、地域の子育ての先輩から子育てを学んだりする機会が失われたことが原因である。

このように、家庭の教育力が低下し、地域の教育力が低下したため、結果的に幼稚園・保育所などの教育機関が今まで以上の役割を担うことになっているが、幼稚園・保育所などの教育機関には、それだけの役割を担う機能も力もない。そのため、幼稚園・保育所が地域社会の人々の協力を仰いだり、地域社会の教育力の再構築につながるような活動を行ったりする必要がある。

2 ── より豊かな人間関係を築くために求められる保育者の援助

事例8では、地域の人の協力を仰いで菜園という教育活動を行っており、子どもたちが地域の人と交流する機会になっている。また、その関係が卒園後も続くことで、子どもたちが地域社会のなかに人間関係をもつことにもつ

ながっている。これは、日本の従来の村落共同体的な地域社会では、地域の人同士のつき合いが、生まれてから死ぬまでずっとあったことと比較すると、ほんの小さな人間関係である。しかし、現代の子どもたちにとっては、このような地域の人との交流が、家庭と教育機関以外の世界に人間関係を広げ、社会性を培っていくための一つのステップになる。幼稚園・保育所には、このような役割も求められているのである。

幼稚園教育要領では、「3内容の取扱い」に留意点として以下のように示されている。

> 「(6) 高齢者をはじめ地域の人々などの自分の生活に関係の深いいろいろな人と触れ合い、自分の感情や意志を表現しながら共に楽しみ、共感し合う体験を通して、これらの人々などに親しみをもち、人とかかわることの楽しさや人の役に立つ喜びを味わうことができるようにすること。また、生活を通して親や祖父母などの家族の愛情に気付き、家族を大切にしようとする気持ちが育つようにすること」。

活動のポイントは、地域の人々との人間関係が形成されるというところにある。保育の現場では、近所のお年寄りに来てもらって梅干づくりを教わるなどの活動が行われている。梅干しをつくる活動だけが目的であれば、お年寄りの手を借りず、保育者自身が梅干づくりを学んで子どもたちとともにつくることもできる。しかし、目的は、梅干しを完成させることよりも、子どもたちが近所のお年寄りといっしょに梅干しづくりを経験し、子どもたちと近所のお年寄りとの交流が生まれることにある。

保育者に必要なのは、地域の人と子どもたちとの交流がより豊かなものになり、そのようなかかわりが子どもたちのその後の人間関係の広がりにつながるよう援助することである。また、交流が子どもたちの人への信頼感につながったり、この社会はいろいろな人が支え合って成り立っていることへの気づきにつながるよう配慮することが求められている。

消防署訪問「いつもありがとうございます」

● 「第8章」学びの確認
①領域「人間関係」のねらい及び内容について、保育者の役割を具体的に理解できたか確認しよう。
②領域「人間関係」のねらい及び内容を達成するための環境構成や保育者の援助について理解できたかみんなで話し合ってみよう。
③子どもが人とかかわる力を培っていく過程について確認しよう。
●発展的な学びへ
①幼稚園・保育所等での実習体験を基に事例を書き、子どもの心の動きや自分を含めた保育者のかかわり等について考察してみよう。
②それぞれの事例を発表し合い、子どもの内面の理解、環境構成、援助等について話し合ってみよう。

引用・参考文献

1）坂下喜佐久・濱名浩編『生きる力を培う人間関係』みらい　2001年
2）聖徳大学企画『やっぱりそうだよね』幼児教育映像制作委員会　2008年

第9章　人間関係を結ぶ保育

◆キーポイント◆

　人は、周囲の人々とかかわり、互いに影響を及ぼし合い、支え合いながら生活している。幼稚園・保育所等の就学前の教育・保育施設は、子どもたちがはじめて経験する社会生活の場である。家庭生活においては、子どもは自らの欲求や要求を積極的に主張しなくても親がその思いをとらえ、欲求や要求を満たしてくれる。一方、幼稚園・保育所等の就学前の教育・保育施設は子ども同士の集団生活であり、子どもたちは皆同様にはじめて社会生活を経験している。そのなかで子どもが自らの欲求や要求をかなえようとするときには、自己主張がぶつかりあい、葛藤場面が生じる。
　本章では、子どもにとってはじめての社会生活のなかで、遊びを通して子ども同士がどのようにかかわり、関係をつくっていくのかを学ぶ。また保育者が、対人関係における子どもの自信をどのように育て、自己を発揮しながら、人間関係を広げていく力をどのように支えるのかを学ぶとともに、子どもたちが、社会的な人間関係を楽しいもの、価値あるものとして自らのなかに位置づけていく過程を学ぶ。

第1節 ● 遊びでつなぐ友だちづくり　－三項関係－

1 ── モノを仲立ちとして関係をつくる

（1）同じものに興味をもち、遊ぶことからつくられる関係

　子どもは幼稚園や保育所等という集団の場で、新たな友だちとともに生活をはじめる。そこには子どもの興味や好奇心を刺激する多くの玩具・遊具が準備されており、これら「モノ」にまず興味をもち、自分からかかわっていくことで今までとは違う環境のなかで生活することに慣れていく。そして、新たな生活に慣れることにより周囲に目を向ける余裕ができてくると、身近に遊んでいる友だちが同じような「モノ」で遊んでいることに気がつく。
　たとえば、幼稚園の砂場で、自動車を「ブッ、ブ～ッ」と走らせていた子どもが、自らの自動車だけに注目しているために、同様に遊んでいた友だちの自動車にぶつかってしまうことがある。その瞬間、子どもは視線をあげ、同じように遊んでいる友だちの存在に気づくのであるが、そのときの子ども

たちの様子を見ていると、多くの場合子どもたちは顔を見合わせ、ともに笑い出す。この「笑い」は子どもが「一緒だ！」という気づき、すなわち「共感」し、その喜びを表現したものである。このように、子どもは「モノ」への興味・関心から、遊びを通して、同様の興味・関心をもつ友だちの存在に気づき、共感し、関係がつくられていくこととなる。すなわち、モノを媒介とすることにより、「私—あなた」の二項関係から、「私—モノ—あなた」の三項関係に変化することで、関係が広がっていくのである（図9-1参照）。

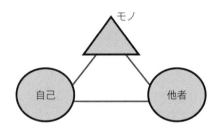

図9-1　コミュニケーションの基本構造（三項関係）

(2) イメージを共有する

　前述の砂場の場面で、同じように遊んでいる友だちの存在に気づいた子どもたちは、「自動車が道を走っている」というイメージを共有する。自動車を走らせたタイヤの跡を「道」に見立て、自分の自動車が走る道だけではなく、友だちの自動車のタイヤの跡も「道」となり、一人で取り組んでいた自動車遊びが、友だちも意識した遊びに広がる。友だちと共に遊ぶためには、このように自動車のタイヤ跡を道と見立てたり、砂場を道路が走っている山や原っぱと見立てたりする、「イメージの共有」が必要なのである。子どもたちが友だちと好んで取り組むお店屋さんごっこやままごと遊びもまた、砂をプリン型で型抜きしたものをケーキに見立てたり、木の枝をバースデイケーキのろうそくに見立てたりする「イメージの共有」があってこそ成立する。このようにして、子どもたちは遊びを通して友だちとの関係が広がっていくのである。

2 ── 想像から創造への遊び

　イメージを共有しながら遊びを展開するなかで、子どもたちは共有したイメージをさらに広げていく。たとえば前の自動車遊びでは、共に自動車を走らせながら、実際の道には起伏があり、トンネルなどもあることに気づく。そこで「トンネルづくり」がはじまり、そのために山をつくることも必要に

第9章●人間関係を結ぶ保育

なる。トンネルがあり、道も走っている山をつくろうとすると、小さな山ではすぐに崩れてしまうだろう。大きな山をつくろうとすると二人では大変で、友だちの助けを必要と考えるかもしれない。丈夫な山にするために、水が必要と考えるかもしれない。このように、最初の遊びの取

「いっしょにつくろ！」

り組みからイメージが広がっていくことにより、自動車遊びが山づくりや泥んこ遊びに展開していく。すなわち、一人ではじまった想像遊びが、モノをはさんで友だちとかかわることで、創造の遊びへとひろがっていくのである。

第2節 ● 役割分担から得られる貢献意識を育む

1 ── 遊びのなかで役割分担をし、役割を果たす

　子どもたちは、集団の場で友だちと遊ぶとき、お店屋さんごっこやままごとなどの、「ごっこ遊び」を好んで行う。これは、子どもたちの今までの経験のなかで、お店（買い物）や家庭での出来事が生活に密接にかかわっているため、イメージが共有しやすく、遊びとして広がりやすいことによると考えられる。

　これら「ごっこ遊び」を展開していくためには、その遊びのなかで自分とは違った役割を担うことが必要である。たとえば、ままごと遊びでは、「お父さん」「お母さん」「赤ちゃん」などの役割であるが、近年、このままごと遊びが展開されにくくなっているとされる。一つには少子化によるきょうだいの減少から、家庭における役割構成が多様ではなくなってきているということ、また、もう一つは、役割の関係性の変化から、お母さん役になることを希望する子どもが減少したり（お母さんは家事、育児、仕事と役割が多くて大変！）、反対に愛情を十分に注がれるペット（犬や猫）役を希望する子どもが増えている、などの理由からである。そのような理由から、最近はままごとではなくペットごっこが多くみられるという。いずれにしても、友だちとイメージを共有しながら遊ぶためには、子どもは、何らかの「役割」を演じることが必要となる。

そして、実際に「ごっこ遊び」を展開していくなかで、例えばケーキ屋さんになったマナちゃんは、お母さんと行ったことがあるケーキ屋さんのお姉さんの様子を模倣し、ケーキ屋さんの役割を果たそうとする。一方、お客さんでの役でケーキを買いに行ったカホちゃんは、「マナちゃんのケーキ屋さんは、いつもお母さんと行くケーキ屋さんのお姉さんとそっくり！」と思う。そのように遊びが展開されるなかで、「ケーキ屋さんの役はマナちゃんが上手」などの共通認識が子どもたちのなかに生まれることもある。「上手だね」とその役割を認められたマナちゃんは、「もっと上手に役割を演じて、友だちに喜んでもらおう」とさらにがんばって役割を果たそうとする。このように、遊びのなかで友だち同士が互いを認め合うことで、「友だちのために」「みんなのために」という貢献意識が生まれてくるのである。

2 ── クラス集団のなかで役割分担をし、役割を果たす

　「役割を果たす」ことは、必ずしも「遊び」のなかでのみ育まれる力ではない。幼稚園や保育所で共に生活するクラス集団においても、子どもたちはさまざまに「役割」を果たしている。そのなかの一つに「当番活動」がある。食事当番であったり、飼育当番であったり、保育所ならば、乳児の着替えのお手伝い当番など、いろいろな当番が考えられるが、当番活動はクラスの友だちみんなが順番に経験する活動である。当番活動を通して、同じ仕事を順に経験することにより、その活動の楽しさや大変さ、難しさを直接、間接にクラスのみんなが共有することができる。

　一方、自分にとっては難しかった仕事を友だちが上手にしていたり、「いやだなぁ」と思ったことを友だちがとても楽しんでいたり、という経験もするだろう。それらの経験から、子どもは役割を果たした満足感を共有し自信をつけたり、自分にはできない役割を果たす友だちを認めたりする力をつけるのである。そして、この役割はカスミちゃん、これはユカリちゃんなど、子ども同士の人間関係のなかで互いを認め合い、役割を分担し合う力をつけていくのである。さらに、その役割を認められる満足感を経験することで、「人の役に立つ」喜びを見出すこととなるのである。

「はい、どうぞ」

3 ── 役割を果たすなかで生まれる貢献意識

以上のように、遊びやクラス活動における役割の分担と、その役割を果たすことにより、子どもは周囲の人から「認められる」経験をする。「認められる」ことにより子どもは自己効力感を高め、自信をもって集団生活を過ごすことができることとなる。そして、「認められた」経験と、自己効力感が友だちを「認める」力となり、集団生活における役割分担と、その役割を責任をもって果たそうとする友だちや集団に対する「貢献意識」となるのである。

第3節 ● 友だちのよさに気づく保育と支持的風土

1 ── 友だちのよさに気づかせる保育者のかかわり

(1) 子どもの取り組みをほめ、周囲の子どもに伝える

クラスの集団生活において、子どもは前述のように、役割として与えられたことだけに対して貢献意識をもつわけではない。自発的に友だちを手伝ったり、クラスのために活動をしていることもある。

たとえば、いつもトイレから最後に戻ってくる子どもの様子を見に行くと、友だちが脱ぎ散らかしたスリッパを丁寧にそろえていたりすることがある。これに気がついた保育者が「ありがとう」とその子どもに言葉をかけることは、子どもの行為を認めることである。それにより、子どもは満足感を味わう。同じ場面でも、保育者がクラスで待っており、「お友だちが待っているよ。早く帰ってきてね」という言葉かけをしたとしたらどうであろうか。以後、友だちのスリッパをそろえるという行為はしないでおこうと思うかもしれない。このように保育者の言葉かけは、子どもをどう理解するかということにかかわっており、子どもに大きく影響する。

しかし、この場面を、さ

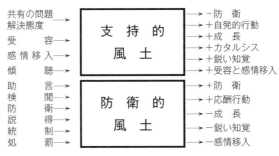

図9-2 支持的風土と防衛的風土
出典：全米教育学会編、末吉悌次ほか訳、『学習集団の力学』黎明書房、p.144、p.146

らにクラス集団を高めるために活かすことはできないであろうか。ここで保育者が、「先生がトイレを見たらね、ミオちゃんがスリッパをきれいに並べてくれていたの。きれいに並んだスリッパは気持ちいいね。ミオちゃんありがとう。みんなも気持ちよくトイレに行けるね」とミオちゃんの活動を集団に返すことができれば、ミオちゃんの活動を知らなかった友だちがミオちゃんの思いに気づくことができる。

　このように、保育者と子どもの活動を、保育者と子どもとの1対1の関係のなかにとどめるのではなく、支持的な風土の中で集団に還元していく保育者の働きかけが、他者（友だち）を認めながらかかわっていく力を育むのである（図9－2）。

(2) 役割を果たすことが自信となり、自発的に周囲とかかわっていく

　一方、子どもは当番活動など決められた役割のみならず、自発的に周りの友だちのためにした活動を、先生や友だちに認められる経験を通して、「認められる自分」に対する自信を育む。自信は意欲となり、周囲の友だちと積極的にかかわろうとする力となって、自発的に友だちとかかわろうとするようになるのである。すなわち、子どもが、社会生活における対人関係について、自信をもつことができるようになることで、友だち同士のかかわりが豊かになっていくのである。

(3) 自己を発揮することにより、人間関係がひろがる

　対人関係に自信をもつことができるようになると、子どもは積極的に周囲の友だちとかかわり、遊びやクラスでの活動など、そのなかで自身の要求や欲求を伝えることができるようになる。すなわち、自己を積極的に発揮することができるようになるのであるが、このように自ら発信する力が育つことにより、友だちをはじめ、周囲の人々との関係が広がっていくこととなる。

第4節 ● 目的意識と体験の関連づけによる遊びと活動の深まり

1 ── 目的意識をもつ

　子どもが自分自身に自信をもち、周囲の友だちと積極的にかかわり、関係を広げていくことによって、遊びの集団も大きくなっていく。そして、1年、2

年と集団生活の経験を重ねていくことで、共有した経験の量は増加していく。共に活動した多くの経験が支えとなって、たとえ遊びの集団が大きくなったとしてもイメージの共有が可能となり、同じ目的意識をもって遊びを展開することが可能となるのである。

さらに、年齢発達と共に子どもたちのもつ目的意識の質も変化していく。たとえば、3歳児においては「ケーキ屋さん」といった、自らと共に遊びに取り組む数人が共有できる一つのイメージのなかで遊びは展開され、その範囲内で「遊びを楽しむ」ことがその目的として十分であり達成されるのだが、5歳児となると、「お店屋さんごっこ」の繰り返しでは満足することはできない。それは、子ども一人ひとりの経験の広がりと友だちとの共通体験の増加、さらには集団経験の積み重ねによる、共通の目的を達成することの喜びに対する欲求の高まりがあるからである。

2 ── 体験がイメージを広げ、遊びや活動がひろがる

以上のように、集団生活を重ねることにより、集団のなかで共有することができるイメージは広がっていく。たとえば、ごっこ遊びであれば、その目的は自分たちが役割を演じ、遊びを楽しむことにとどまらず、自分の演じる役割の心情を理解してより深く演じようとしたり、役割のなかで（立場で）互いの関係を体験することを楽しんだり、友だちと演じていることを周囲の人に見てもらうことを楽しんだりすることができるようになる。

発表会などで劇遊びに取り組む幼稚園や保育所は多いが、劇遊びに取り組むことができる力はこのようにして育まれてくるのである。

ここで少し具体的に、劇遊びに取り組む過程から子どもがイメージを共有し、広げ、遊びや活動がひろがることをみてみよう（表9－1参照）。

以上は「劇遊び」への取り組みの大まかな流れである。この経過だけをみても、保育場面における集団活動のなかで、同じ目的意識のもと子どもたちがイメージを共有し、クラス集団という互いの関係性のなかで自信をもって意見を言い、また、友だちの意見に耳を傾け、友だちの意見や活動を尊重し、役割を分担し合って一つの劇をつくり上げていく姿を想像することができる。

このように、自信をもって自分の意見を発信し、友だちと話し合うことで、協力して一つのものをつくり上げることはアクティブラーニングそのものであり、就学前において人間関係を調整しながら活動を進めていくことができる力についての学びを深める役割を保育者は担っているのである。

表9-1　5歳児クラスにおける劇遊びへの取り組み

	取り組みの流れ	各取り組みにおける目標
1	発表会で「劇遊び」にクラス皆で取り組むことの確認。	→目的意識の共有。
2	クラスで読んでもらった絵本などのなかから、劇として取り組む話を選ぶ。	→共通経験をベースに、自分の意見を伝えたり、友だちの意見を聞いたりするとともに、意見の調整を行う。
3	場面を追いながら、場面ごとに役割を交代しあい、色々な役割を経験し、登場人物などの心情を考えながらせりふを考え、演じてみる。	→・役割を果たす。 ・工夫して表現する。
4	それぞれの場面に必要な小道具を考え、つくる。	→・共通経験をベースに、自分の意見を伝えたり、友だちの意見を聞いたりするとともに、意見の調整を行う。 ・役割を果たす。
5	場面ごとに役割配分をする（登場人物、小道具係など）。	→・共通経験をベースに、自分の意見を伝えたり、友だちの意見を聞いたりするとともに、意見の調整を行う。 ・役割を果たす。
6	発表会当日、劇をする。	→・役割を果たす。 ・伝わるように表現を工夫する。 ・人前で表現する。

3 ──「ぶつかり」を学びにしていくかかわりを

「人間関係」という領域は、設定保育場面だけではなく、子どもの日常生活のいろいろな場面にかかわるものであるため、保育の内容としてそれぞれの活動における指導を意識することは難しいかもしれない。子どもがけんかをしたとき、領域「人間関係」にかかわる指導をしているという意識よりは、けんかによって滞った保育や生活の流れを「元に戻さなければ」と仲裁することが多くなりがちである。

しかし、一方で「人間関係」にかかわる力は、誰もが将来にわたって必要な力である。人格形成の初期にあり、集団生活をはじめて経験している子どもにとっては、さまざまな直接的体験を通して学ばなければならない重要な課題である。けんかを止めたり、仲直りさせたりすることが保育者として必要なかかわりなのではなく、けんかという友だちとの自己のぶつかり合いの場面は、特に幼児期においては当然起こるものとしてとらえ、その場面で子どもたち自身がその「ぶつかり」をどのように理解し、調整し、解決するのか、その力を育てることが保育者に求められるのである。

実際の保育場面でよくみられる状況の一つに、たまたまぶつかってしまっ

第9章 ●人間関係を結ぶ保育

たことを「たたかれた」と勘違いし、たたき返してけんかになるといったことがある（図9－3参照）。たとえば、そのような場面で保育者はどのように子どもにかかわり、何を伝えなければならないのであろうか。

このケースの問題の一つは、「たたかれた」と勘違いしたところにある。この点については、勘違いした子どもに対して、相手の意図をとり違えたことを説明し、理解させる必要がある。日常的に「～された」と他者の行動をとらえる傾向があるのであれば、友だちとの信頼関係を築くうえにおいても困難を生じやすいことが考えられ、その場面だけではなく、生活全般にわたって留意し、正しく状況をとらえ直すことができるようかかわることが必要で

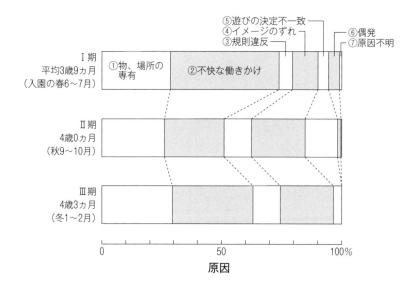

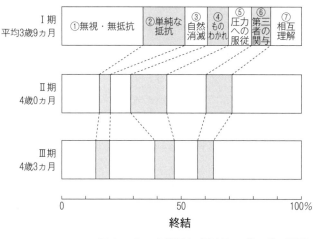

けんかの原因は一貫して不快な働きかけが多いが、4歳になると規則違反やイメージのずれが増えてくる。一方、けんかの終わり方は、3歳では無視・無抵抗が多かったのが、4歳では相互理解によって解決するようになっていく。

図9－3　3歳児におけるいざこざの原因・終結
出典：藤崎眞知代・野田幸江・村田保太郎・中村美津子『保育のための発達心理学』新曜社　1998年　p.157

あろう。

　また、ぶつかってしまった子どもに関しても、「ぶつかっただけだから悪くない」ということを主張するケースはよくあることである。意図的ではなくとも、ぶつかったことで相手に対して痛い思いをさせてしまったことに気づかせ、謝るなど適切な対処法を伝える必要がある。さらに、「たたき返す」という暴力を使った自己主張の方法は、対人関係においては認められるものではない。「たたかないで言葉で言いましょう」という保育者の言葉がけは幼稚園、保育所でよくなされる働きかけであり、暴力は適切ではないということを伝えるのは当然であるが、それだけでは子どもの行動が変化するには不十分である。「なぜ暴力という方法を使ったのか」を考えながら、かかわることが必要である。

　たとえば、きょうだいげんかのときにたたかれ、思い通りにならない経験を度々していれば、子どもは相手に対して自己の思いを通すには、暴力が一番有効だと認識しているかもしれない。そのような子どもにとっては、「言葉で言いましょう」と働きかけても、「それでは欲求は満たされない」のである。そのような時には、たたくよりも言葉で自分の気持ちを伝える方がうまく思いが伝わり、欲求がかなえられるのだという経験をさせる必要がある。保育者はなぜ子どもがそのような不適切な行動をするのか、不適切な行動を子ども自身が変える力をもつために何を伝えなければならないかをとらえ、具体的に方法を知らせ、子ども自身が体験的に学ぶことができるようかかわっていくことが必要なのである。

　「すぐたたく、乱暴な子ども」という見方をしてしまうと、「乱暴をさせない、けんかを止める」という、行動を抑制しようとするかかわりしかできず、子どもの問題解決能力を身につけさせるかかわりをすることはできない。一つひとつの行動の不適切な問題解決方法の原因を探り、適切に解決できるよう保育者が子どもに具体的行動を順を追って示すという、ていねいなかかわりを積み重ねていく力をつけることが必要である。そのかかわりが、子どもの保育者に対する信頼感を育み、安心できる関係のなかで子どもは自分自身に自信をもって友だちと向き合い、自己発揮すると同時に他者と認め合うことができるようになる。今日、自身の気持ちをコントロールする、人とうまくコミュニケーションする、忍耐強く取り組み、やり遂げるといった非認知能力の育成が大切であるとされる。以上のように、<u>集団の中で保育者に肯定的・支持的に見守られながら、一人ひとりの子どもの非認知能力が培われる中で、豊かな人間関係が築かれることとなるのである。</u>

第5節 ● 協同性を育む

1 ── 友だちと一緒に遊ぶということ

　子どもが友だちと楽しく遊ぶようになるためには、まずは遊んでいるブロックや製作物や砂場の型抜きなど、遊具や遊びを通して、同じモノやコトに取り組んでいる者同士が結びつく（三項関係）が、そのうちに気になる友だち、あこがれる友だちができ、一緒に遊びだすようになる。

　子どもは、自らの遊んでいる遊びをつまらなく思ったら、他の子どもが何をして遊んでいるのか、何をつくっているのかに注視する。そして友だちが取り組んでいる遊びや製作物にあこがれて、自分もそのように遊びたい、物をつくりたいと思うようになる。そして、知らずのうちに他の子どもの動きをまねし、その子の後ろ姿を追うように遊びに取り組み、周囲のものや遊具などとの多様なかかわり方を学んだり、新たな感覚を体感したりして、自分の中に取り込み、自ら行動するようになる。

　<u>友だちへのさまざまなかかわりを通して、うれしい、悔しい、悲しい、楽しいなどの多様な感情体験を味わい、友だちとのかかわりを深めて、みんなでやってみたい目的が生まれ、工夫したり、協力したりするようになっていく。この過程で、子どもは自分の思いを伝え合い新しいアイデアを生み出したり、役割を担って行動するなど、力を合わせるようになる。</u>

　しかし、当然自分の思いと友だちの思いが異なることがあり、言い争ったり、いざこざになるなどの葛藤体験を経験する。いざこざなどの葛藤体験をして落ち込みながらも、それを乗り越えていけるようその子の気持ちを大切に受け止めて、遊びや関係が持続できるようにすることが重要である。

2 ── 一人ひとりの子どもを支え集団に広げる

　子どもによっては、自分に自信がもてなかったり、それゆえ他者に対して不安になったり、人への関心が薄かったりする子どももいることを踏まえて、我慢ばかりして、友だちの思いを受け入れてばかりの子どもには、自己主張を支えるために背中を押して勇気づける援助を行う必要もある。

　<u>子ども同士が協同的な活動を展開していくうえで、大切なことは、子ども自身が活動自体を楽しむことである。</u>共通の目的は実現したり実現しなかっ

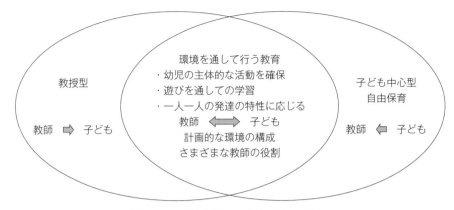

図9-4　環境を通して行う教育の考え方
出典：小田豊・林眞理編著『子どもの発達と文化のかかわり』光生館　2007年　p.131

たりする。実現しなかった場合でも、子どもが活動そのものを楽しんでいれば、またみんなで一緒に活動しようという気持ちになる。

　共通の目的が実現した場合、その喜びを十分に味わうことが次の活動につながる。小さな集団での活動から、小学校就学前にはクラス全体でも活動するようになるということを踏まえ、年長児になると、それぞれの時期にふさわしい集団の活動が展開されることを意識すべきである。

　たとえば、運動会の取り組みのなかでどのような演技・競技をどのようにするか、生活発表会等での劇活動の取り組みの中でどの題材を誰がどう演じ、大道具や小道具を誰がどう準備していくか、お世話になった人を招いて「お別れ会」をどのようにするかや誰が何を用意するかなどがそれにあたる。

3 ── 協同的な活動から協同性へ

　年長のクラス全体で活動する場合は、保育者が一方的に指導をするのではなく、話し合いの機会を積極的にもち、保育者自身も参加者として、どのような活動にするか相談したりする。たとえば、クラスでお店屋さんをする際、子どもたちは、年中の体験を思い出しながら、いつどこで何をしようか、来てくれた人が喜んでくれるためにどうするか、準備物などを誰がどう分担するかなど、友だちと必要なモノ・コトについて話し合い、互いの得意なことを生かすなど工夫して楽しみながら、やり遂げた充実感を味わうのである。

　方針が決まれば基本は子どもたちに任せる。一方で困難が生じそうな状況などを想定し、子ども同士で試行錯誤し協力して実現できるように、クラスで起こっていることを丁寧にとらえ、アイデアや協力など、それぞれのよさ

を広め、認め合い、自分たちでやり遂げるよう援助することが求められる。

協同的な活動から

このような協同的な経験を通して、集団の中で一人ひとりのよさが発揮され影響し合って、一人ではできないことも力を合わせれば可能になるという気持ちが育つことが大切である。この過程で、子ども自身が集団の中のかけがえのない一員であることを自覚し、同時に仲間への信頼感をもてるようになっていく。

特に行事などでは、結果やできばえを重視し過ぎることなく、共に進める保育者が、その行事に取り組む子どもたちの意図や工夫などを保護者にドキュメンテーションや便りで、活動過程（プロセス）での子どもの育ちを解説し、保護者に知らせることが重要である。

この育ちは、小学校の学級活動で、目的に向かって自分の力を発揮しながら友だちと協力し、さまざまな意見を交わす中で新しい考えを生み出し工夫して取り組むなど、保育者や友だちと協力して学び合う協同性につながっていくのである。

第6節 ● 非認知能力

1 ── 非認知能力とは

これから加速的に進むグローバル化、AI（人工知能）化、情報化社会は、今まで経験したことのない世界になり、習得した知識や既成情報に従うだけではなく、一人ひとりが自分の力を発揮して、他者と互いのよさを生かし合い、協同しながらよりよいものを創造することが強く求められる。それらを可能にする力が非認知能力である。非認知能力とはIQ（知能指数）では測れない、自己調整力（自己肯定感、自尊感情、自己抑制など）、協同する力（信頼、思いやり、他者とのかかわりなど）、内発的に取り組む意欲（挑戦する意欲、意欲を粘り強く持続する力など）のことで、OECD（経済協力開発機構）では社会情動的スキルともいわれている。今まで学力といわれていたものはIQで測れる、読み、書き、計算、暗記などの知識・技能の認知能力だが、そ

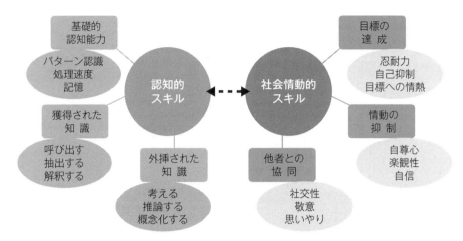

図9-5　認知的スキル・社会情動的スキルのフレームワーク
出典：OECD「家庭、学校、地域社会における社会情動的スキルの育成」2015年

れに対抗する新しい概念が非認知能力である。

　たとえば、算数の問題を解くときに、授業内容の理解と公式の暗記が必要となる。しかし、それだけでは十分ではなく、時に困難な問題と遭遇する場合もある。そのような場合、理解できるまで根気よく頑張り続ける気持ちや、友だちに聞いたり教えたりしながら高め合える良好な人間関係の築きが大切である。学年が進み授業が難しくなるにつれて、根気よく頑張ることや人間関係の築き、意欲などの非認知能力が必要となる。

2 ── 非認知能力を高める保育者のかかわり

　非認知能力は、幼児期から身につけることが重要である。2000（平成12）年にノーベル経済学賞を受賞したジェームズ・ヘックマンの代表的な研究である「ペリー就学前プログラム」では、質の高い幼児教育を受けたグループと受けていないグループを対象にその後長期にわたり追跡調査を行っている。その結果、40歳の時点で質の高い幼児教育を受けたグループは受けなかったグループに比べて、収入が多く、持ち家率が高いなど明らかな差が見られた（図9-6）。この差についてヘックマンは、9歳の時点で両グループのIQの差がほとんどないことから、人生での成功は質の高い幼児教育を受けて認知能力を伸ばしたからではなく、非認知能力を身につけたことが主な原因としている。

　もう一つ非認知能力を幼児期から身につける重要性は、非認知能力が自発的な活動によってのみ習得できる点にある。遊びは子どもの自発的・主体的

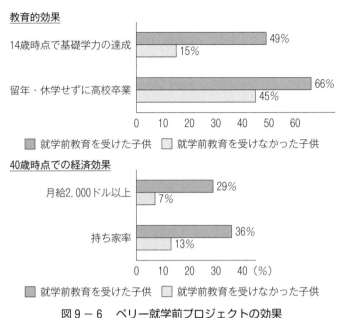

図9-6　ペリー就学前プロジェクトの効果
出典：『幼児教育の経済学』（ジェームズ・J・ヘックマン著、大竹文雄解説、古草秀子訳／東洋経済新報社）

な活動であり、幼児期の遊びは自己肯定感、他者への信頼（友だちとの協力、一緒にやりたい、モデルとしての友だち）、意欲的に挑戦する気持ち（やりたい、できるようになりたい）、意欲を粘り強く持続する力（試行錯誤）などの非認知能力を効果的に高める。非認知能力を身につけた子どもは、困難に遭遇しても自分なりに根気強く工夫し努力して乗り越え、人間関係でいざこざがあった場合にも折り合いをつけながらよい関係を導けるようになる。しかし、遊ぶだけで非認知能力が十分に身につくわけではない。非認知能力を十分に身につけるためには、保育者が非認知能力を育むことを意識してかかわることが求められるのである。

　たとえば、お店屋さんごっこでは、実際のお店で看板や値札等の表示、品物の展示、お客さんとのやりとり等を見ることで、「本物のお店みたいにしたい」という子どもの気持ちを引き出すことができる。やりたい意欲が触発された子どもたちは、必要な準備を自ら考えて行い、友だちと協同することで生まれる信頼感が活動を持続させる。時には意見が合わずにけんかになることもある。その際にはお互いに自分の考えや思いを十分に言える場をつくり、自分とは違う考えや思いにお互いが気づくことで、どうすればうまくいくのかを考える大切な機会となる。このような保育者の非認知能力を育むことを意識したかかわりや友だちとのかかわりを通して、非認知能力を身につけることができるのである。

自由遊びやプロジェクト保育などは、内発的動機づけに支えられ、保育者のかかわりによって子どもが自らの意志で自ら選ぶ活動である。そして、保育者の足場づくりの援助で難易度がやり遂げられるその能力を少しだけ超えた「発達の最近接領域」へと援助されていることが、非認知能力をより促すことになる。そのうえ、子どもが保育者に認められ、尊重されていると感じられた時、さらに内発的動機づけの効果が発揮される。

　また、保育では活動を振り返り、「できたこと」は「どのようにしてできたのか」「なぜできたのか」、「できなかったこと」は「どうすればできたのか」「なぜできなかったのか」ということを子どもが対話することで、帰属意識、課題への達成意欲や自己肯定感が育まれ、困難などに遭遇した時のストレスに適応する力（レジリエンス）を獲得させ、非認知能力を高めるのである。

　子どもがストレスのないぼーっとした生活を送ることは、健全な成長発達を妨げる。さまざまな取り組みのなかで、我慢や適応ができるようになることは、愛着形成の基板があって、子どもの好奇心や関心が遊びという活動で保障されてこそ、非認知能力の育みに影響を及ぼすのである。

第7節 ● 協同的体験と小学校への接続

1 ── 協同的体験の保幼小間のつながり

　園生活を通して、子どもたちは同年代の友だちと暮らしや遊びのなかで、共通の目的を見出し、工夫したり協力したりができるようになっていく。それは園生活だけではなく、その後の小学校以降の教育のなかでも学級の仲間をはじめとする他者から学び、他者と共に育つための基盤となる。また生涯にわたり、人を信頼し、他者とかかわって働いたり暮らすことを楽しみ、新たな知恵や事物、文化を共につくったり人と折り合いをつけながら自己発揮していくことの基礎ともなる。幼稚園・保育所等での協同的体験は小学校以上の協同学習にもつながっていく。だが、その相違は小学校のように教師の指示でグループメンバーがはじめから決められる活動形態だけではなく、<u>遊びのなかで次第に必然的に協同していく過程を経験することやそこに至る過程でのさまざまな葛藤経験を大事にすることで協同していく力を培っていくところにある</u>。英国の調査には、子どもが互いの考えを共有し合うことを教師が支援することが小学校での学習に影響することを示しているものもある。

表9-2　互いに生かし合う姿（千代田区立番町幼稚園、2007）

3歳児
- 友だちの動きや言葉から刺激を受け、まねをしたり自分なりに思いや動きを出したりして一緒に楽しむ。
- いろいろな遊びを楽しむなかで友だちと一緒に過ごす。
- 友だちとかかわり、我慢したり友だちから優しくしてもらったなど、さまざまな感情体験をするなかで自分なりに嫌な気持ちを切り替えて遊びを楽しもうとする。

4歳児
- 友だちの動きや言葉に楽しさを感じて受け止め、そこから自分のイメージを広げたり新たな考えを思いついたりする。
- 友だちと遊ぶなかで、イメージや考えを出し一緒に動いたり話したりすることを楽しむ。
- 一緒に遊ぶ友だちと考えが違った時に、互いの思いを出し合うことで思いの違いに気づき、どうしたらよいかを考える。

5歳児
- 遊びを面白くするために、自分の考えを出したり仲間の考えを聞いたりして、相談しながら遊びを進めていく。
- 友だちと目的を共通にしながら、一緒に力を合わせたり、役割を分担したりして取り組み、楽しさと充実感を味わう。
- 互いの思いの違いに気づき相手の考えを受け入れたり自分の考えを受け入れてもらったりして折り合いをつけ、問題を解決しようとする。

2 ── 生かし合う姿の発達的変化

　これまでにも述べられているように、子どもは最初から友だちと協同できるわけではない。まず仲間とともにいることを楽しいと互いに感じること、そしてそのなかで友だちの行動や考えのよさを相互に認め合い生かし合っていくといった互恵的なかかわりができるようになっていくことが必要である。生かし合う姿も表9-2のように各年齢によって変化発達していく。その姿に応じた環境や活動の設定が重要になる。

　言葉でやりとりしながら相互に生かし合う5歳後半の姿の発展が、小学校への接続となる。したがって設定活動で学級一斉で共同する活動や仲よしグループでの協同だけではなく、いろいろな友だちと小グループで役割が分担してつくり上げる活動やルールの調整が必要な活動などができるように働きかけていくことが大事なのである。

3 ── 小学生との交流と接続

　5歳後半になると、園のなかでなじみの遊びだけではなく、さらに知的に、

体力的に挑戦する活動を行ったり、ときには地域の小学生が行っていることを一緒に経験することもある。それらの活動を通してあこがれをもち、協同が生まれるきっかけづくりとなる。おとなと違い年齢が近いだけに相手の言動を真剣に真似ようとしたり自分なりにたずねたりができるようにもなる。

また、このような交流の機会を、保幼小の保育者と教師が計画や実施し、ふりかえりを協働することで、どのような育ちや特徴の子どもがいるかを相互に知ることもできる。このことで、特に一斉や協同の活動が苦手な子どもが自己発揮していくことができるような入学後の配慮を考えていくこともできる。また、子どもの側にも小学校に行っても知っている人がいる環境になる。各自のよさを引き出し、認め、伸ばし、支えるネットワークを地域の園と学校が一緒になってつくっていく協同的体験が、少子化のなかで求められている。

●「第9章」学びの確認
①子どもはどのようにして友だちの存在に気がつき、関係をつくっていくのか考えてみよう。
②非認知能力を幼児期から身につける重要性について説明しよう。
③子どもの人間関係を育む保育者のかかわりとは、どのようなことを指すのか話し合ってみよう。

●発展的な学びへ
①子どもの人間関係を育む保育の具体的な内容とその環境構成について考えてみよう。
②子どもが「人間関係」を楽しいものと認識するために、保育者として親や同僚とかかわるときの留意点について考えてみよう。
③協同的な活動を支える保育者の役割について考えてみよう。

引用・参考文献

1) 長谷範子「幼児の対人葛藤場面における行動変容と保育者のかかわりに関する一考察」『四天王寺大学紀要』第47号　2009年
2) 祐宗省三編『子どもの持ち味を生かした園保育』フレーベル館　1995年
3) ポール・タフ（高山真由美訳）『私たちは子どもに何ができるのか　非認知能力を育み、格差に挑む』英治出版　2017年
4) 無藤隆・古賀松香編著『社会情動的スキルを育む「保育内容　人間関係」』北大路書房　2016年
5) 無藤隆「生涯の学びを支える「非認知能力」をどう育てるか」『これからの幼児教育』2016年春号　ベネッセ教育総合研究所　2016年
（http://berd.benesse.jp/up_images/magazine/018-021.pdf）

コラム

「仲よく」することと「けんかをしない」こと

　幼稚園や保育所等の生活において、「お友だちとは仲よくしましょう」というルールが存在する。集団生活においてこのルールは当然のことであり、「なぜ仲よくしなければならないのか」が伝えられることは少ない。そのため、「仲よくする」ことを「けんかをしない」ことと誤解していないだろうか。

　子どもはその発達上の特性から、自己中心的であるし、自らの興味性や好奇心にひかれて行動する。何でも「自分でやってみたい」「自ら体験して確かめたい」。子どもたちが集団で遊んでいるなかでは、当然に欲求や要求のぶつかり合いが起こるものである。しかし、幼稚園や保育所等で生活するにあたって、子どもたちは「お友だちと仲よくしなければならない」というルールを先生や保護者から繰り返し聞かされる。子どもたちはこれを「けんかをしてはいけない」と思い込んでしまうため、たとえば遊具の順番争いをしているときに先生の姿が見えると、どちらかがサッと順番を譲ってけんかが終わることがある。すなわち、葛藤場面が自然に解消してしまうのである。

　子どもが将来にわたって「人間関係」を楽しいものとしてとらえていくために身につけなければならない力は、「けんかをしない」ために自らの欲求や要求を抑制することではない。自らの欲求や抑制を自覚し、相手の欲求や要求を理解したうえで、両者をどのように調整していくのか、その調整力であるといえよう。「けんかする」ことは、相手の欲求や要求に気づくために必要な過程である。保育者は子どもがけんかを止めたから「問題解決した」と安心するのではなく、「けんかという対人葛藤場面を解決する」方法を知らせ、子どもたちに対人葛藤に対する問題解決能力を身につけさせたいものである。

　一方で、この、対人葛藤に対する問題解決能力はおとなにとっても難しい課題である。その困難な課題に、解決可能なものとして取り組む原動力は、人に対する信頼感に他ならない。私たちおとなが、子どもや親、同僚を信頼してかかわる姿を通して、「人間関係の楽しさ」を伝えたい。

第10章 保育場面での気になる子どもへのかかわり

◆キーポイント◆

本章では、保育現場で多く見られる「気になる子ども」について取り上げていく。「障害児保育」等で扱われる明らかな気質的な問題が見られない場合でも、保育現場に携わっている中で、「他の子と比べて発達が遅れている」「なんとなく同じ年齢の子どもには見られないような行動をする」「他の子どもとうまく遊べていない」など、子どもによってはなんらかの配慮を要することがある。

そこで、本章では「気になる子ども」についての概観を行った後、具体的な事例を通して、「気になる子ども」への対応や配慮すべき内容について考えていく。さらに、「気になる子ども」にかかわる内容として、インクルーシブ教育についても触れていく。

第1節 ● 気になる子どもとは

1 ── 気になる子どもの現状

現在、保育所、幼稚園、認定こども園（以下、園という）の保育現場において、保育者から見て「気になる子ども」もしくは「特別な配慮を要する子ども」が増えてきている。2012（平成24）年に文部科学省が行った「通常学級に在籍する発達障害の可能性のある特別な教育的支援を必要とする児童生徒の調査」の結果によると、知的な遅れはないものの学習面または行動面で著しい困難を示すとされた児童生徒は約6.5％存在することが示された。また、小学生のみに限れば、約7.7％存在することが示された。さらに、知的発達に遅れはないものの学習面または行動面で著しい困難を示すとされる児童生徒（約6.5％）においては、55.1％の割合で担任教員からなんらかの支援がなされている。このような現状を踏まえて考えると、園においても、診断名等はついていないにもかかわらず、行動面等に難しさを抱え、担任や周囲の保育者がなんらかの支援や配慮を行っていることが少なからず考えられる。

表10-1 知的発達に遅れはないものの学習面または行動面で著しい困難を示すとされた児童生徒の割合

	推定値（95%信頼区間）
学習面または行動面で著しい困難を示す	6.5%（6.2〜6.8%）
学習面で著しい困難を示す 　A：学習面で著しい困難を示す	4.5%（4.2〜4.7%）
行動面で著しい困難を示す 　B：「不注意」または「多動性-衝動性」の問題を著しく示す 　C：「対人関係やこだわり等」の問題を著しく示す	3.6%（3.4〜3.9%） 3.1%（2.9〜3.3%） 1.1%（1.0〜1.3%）
学習面と行動面ともに著しい困難を示す 　AかつB 　BかつC 　CかつA 　AかつBかつC	1.6%（1.5〜1.7%） 1.5%（1.3〜1.6%） 0.7%（0.6〜0.8%） 0.5%（0.5〜0.6%） 0.4%（0.3〜0.5%）

出典：文部科学省「公立小中学校の通常学級に在籍する発達障害の可能性のある特別な教育的支援を必要とする児童生徒に関する調査」2012年より筆者作成

2 ── 保育場面における気になる子どもとは

　保育者から気になる子どもの相談を受けることがよくある。なかに、ある種の特性を有している可能性がある子どももいれば、子どもによっては心理学の専門的な視点と保育者の視点との間でズレが見られる場合もある。つまり、保育場面における「気になる子ども」とは、あくまでも保育者の視点で観察した際に、直感的に（もしくは経験的に）に「気になる子ども」としてとらえられる子どもたちのことを指しており、必ずしも発達障害や精神疾患等を有しているとは限らない。そのため、このような子どもたちへの対応を行う際には、適切なアセスメント[※1]と子どもに関する情報収集が鍵となる。
　本章では、以下の具体的な例をもとにして、「気になる子ども」について考えていきたい。

※1　アセスメント
アセスメントとは、個人の発達的な状況や心理的な特性について、客観的な指標などを用いながら、多角的に分析・把握・理解すること。

第2節 ● 活動に集中することが難しい子・友だちにちょっかいを出してしまう子

　園においては、集団活動や行事の際、落ち着きのない子や集中が続かない子が見受けられることがある。具体的には、保育者が絵本の読み語りを行っている際、そわそわと身体を動かしたり、隣の子にちょっかいを出したり、または保育者がいる方向とは別のほうを向いてぼーっとしたり、保育者が絵

本の読み語りをしている時に何度も保育者に話しかけたりするなど、その様相はさまざまである。しかし、こういった特徴をもつ子どもの多くは、保育者からなんらかの指摘もしくは注意を受けることが多く、また保育者も「気になる子ども」としてとらえることが多い。保育者がこのような子どもに対して、指摘や注意を行う背景としては、このような子どもへの対応がクラス運営にかかわる問題につながるからである。

このような子どもの多くは、大きく分けると2つのパターンに分かれる。

① 子どもが意図的に行っている場合

この場合、子どもはなんらかの行動を行うことによって、周りの注意を引こうとする（行動注目獲得行動）に特徴づけられることが多い。そのため、このような子どもにとって、周囲からよくも悪くも反応が返ってくることで、その子にとって、「自分を見てくれている」「周囲とかかわれている」という認知につながり、行動がエスカレートしていく可能性がある。

② 子ども自身が意識していない場合

この場合、子ども自身は意識できていないため、周囲から指摘されたり、先生から注意されたりしても、なぜそうなったのかわからないため、戸惑ってしまう。そして、「僕（私）はダメな子なんだ」「僕（私）は周りの友だちとは違う」などの自己肯定感や自尊心の低下につながり、園生活で不適応状態に陥ってしまうこともある。

【援助のポイント】

①の場合には、「自分を見て欲しい」「構ってほしい」などの気持ちが背景にあることが考えられるため、まずはその気持ちを適切な形で十分に受け止めてあげることが大切である。この時、留意しなければいけないことは、その子どもの年齢と受け止める際の対応である。たとえば、2歳児と5歳児では接し方・かかわり方は異なるので、その子の年齢に応じたかかわり方を行うことが重要である。また、受け止める際の対応については、園ではさまざまな保育の内容があるため、時と場合によって個別的な対応を行うことが不適切にもなりかねないので、状況に合わせた対応が求められる。

②の場合は、まずこれらの行動がどういった状況で起こりやすいのかを把握する必要がある。多くの場合、周囲の環境からなんらかの影響を受けており、その状況等の整理を行いながら、子どもの行動に関連する要因の把握に努める必要がある。その後、全体的な要因把握を踏まえて、子どもが課題や活動に集中できるようなかかわりや環境調整等の配慮を行うことが求められる。また、この子どもに対する注意や指摘を行う際に、その子の特徴を把握したうえで、必要最低限の注意や指摘にとどめておく必要がある。

第3節 ● 引っ込み思案な子

　3歳以降になってくると、子どもの遊びは集団遊びへと徐々に移行していく。しかし、他児が徐々に集団遊びに移行しているにもかかわらず、その輪の中に入っていけない子や、友だちや保育者と話すことが苦手な子、どうしても一人遊びが多くなりがちな子も見受けられる。そのような子どもの多くが、他者と話すことに困難さを感じている、もしくは他者とかかわることを避けてしまうといった特徴を有している可能性がある。こういったある特定の場面で話すことができないことや他者とのかかわりにおいて困難さをもっている子どもの性格を、引っ込み思案ということがある。引っ込み思案な性格の場合、その状態像はさまざまで、他者の問いかけにまったく応じない子からジェスチャーなどのなんらかの反応はできるものの、声が出せない子どもまで幅広い。

　このような子どもの背景には、不安や緊張の強さが関係していることが多い。不安や緊張には、①子どもの気質的な問題、②早期の親子関係などと関連する世代間伝達の問題がある。どちらにしても、ある場面や状況、関係する他者によって意識的もしくは無意識的に不安や緊張が高まってしまうのである。また、このような子どもの多くは、「友だちと普通に話したい」、「友だちと一緒に楽しく遊びたい」と思っており、自分の思いと自らの対人的な行動の困難さとの間で葛藤を抱えていることがある。

【援助のポイント】

　このような子どもに対する援助としては、まず<u>子どもの不安や緊張の状態を把握すること</u>が大切になる。不安や緊張がどういった場面、状況、環境によって高まるのか、またその緊張は一時的なものなのか、それとも持続的なものなのかなど細かく見極めていく必要がある。このように、不安や緊張の把握を経て、どのようなかかわりが子どもに必要なのかが明確になり、適切な対応が行えるようになる。たとえば、ある子は自由遊びの場面では友だちから誘われたら遊ぶことができるが、集団活動などある程度活動の枠が設定されている場面では、ペアをつくる時などに自分ではどうしたらいいのかわからなくなり、動くことができず固まってしまう。そのような子どもの場合には、いきなりペアをつくることをするのではなく、ウォーミングアップとして、何度かグループをつくる活動を導入して、ペアをつくるような流れをつくっていくことで、<u>子どもの緊張や不安を和らげる過程を導入することも</u>

必要である。

　また、このような子どもには、子どもの不安や緊張を和らげるようなかかわりと同時に、子どもが話しやすい雰囲気、みんなと活動できていると感じられる雰囲気をつくってあげることも大切である。

第4節 ● 保育者を独占したい子

　保育場面では、3歳未満のクラスにおいて、特に目にすることが多い光景として、子どもが保育者を後追いしたり、保育者に抱っこをせがんだりする子どもの様子が見られる。また、保育者が他の子とかかわろうとすると、その子を押したり、たたいたりして、保育者から遠ざけようとする子どもも中にはいたりする。保育者は一人だけにかかわっているわけにはいかないので、他の子へのかかわりを促すわけだが、なかなか他の子と遊ぶことができずに、保育者へのかかわりを執拗に求めてくる。

　このような子どもの背景には、保育者を独占したい、保育者から安心を得たいという強い欲求があることが考えらえる。いわゆる、愛着の問題[※2]である。愛着の問題の場合、子どもの家族関係に関係する問題があることが多い。つまり、保護者が共働きで子育てに時間を割く余裕がなく、十分に愛情を受けることができていない場合や、保護者が育児に対する関心が薄い場合、または保護者がなんらかの精神疾患を患っているため十分な養育ができない場合など、状況はさまざまである。

【援助のポイント】
　このような子どもの場合には、まず<u>子どもに十分な愛情をもってかかわってあげること</u>が大切である。ただし、留意しておかなければいけないこととして、子どもとかかわる場合には、場面や状況を考慮して柔軟なかかわりを行っていく必要がある。つまり、常にその子どもだけにかかわっていると、他の子どもたちへのかかわりが希薄になってしまう。また、他の子どもから見たら「なんであの子だけ特別なの」という思いにもなってしまう。そのため、集団場面の際には、集団場面の中でできる対応を、ある程度自由度が高い保育場面では個別的なかかわりを行うなど、臨機応変な対応が求められる。

　また、このような子どもの場合、子どもへの対応と合わせて、保護者への対応も重要になる。保護者への対応を行う際、どうしても子ども側に立って助言やアドバイスを行ってしまうことが多い。しかし、保護者も保護者なり

※2　愛着について、詳しくは第3章（p.51）を参照。

に子育てを頑張っていることが多く、そのような子ども側に立った助言やアドバイスは、保護者を追い込むことになりかねず、逆に保護者との関係が崩れてしまうことにつながったりする。そのため、まずは保育者が保護者の味方になり、保護者の気持ちを受け止めることで、少しずつ子どものことについて一緒に考えていけるようになることが大切である。

第5節 ● 気になる子どものアセスメントとかかわり

　ここでは、これまで見てきた保育場面で気になる子どもへの対応について、いくつかの共通点に沿って整理していく。保育場面で気になる子どもの様相はさまざまであり、その子の状態像に合わせたかかわりが必要になってくる。実際に保育者がかかわりを行っていく際、以下の点について留意すること必要である。

1 ── 子どもの気になる行動についての情報を整理する

　子どもをアセスメントしていく際、まず大事になってくるのが、子どもの気になる行動についての情報を整理することである。気になる行動が見られた際、いつ、どこ、どのような気になる行動が見られたのかを記録して蓄積していくことで、その気になる行動に何が関連しているのか、子どもがどういった思いでその行動をとっているのかなど、その行動に至る背景が見えてくる。つまり、同じような「落ち着きのない」行動でも、ある子の場合は緊張や不安に由来するものであり、またある子の場合はもともとの性格に由来するものであったりするなど、気になる行動を行う場面や状況と合わせて、普段の様子なども踏まえて考えることで、まったく違った見え方をするのである。このように、子どもの行動の背景をしっかりと理解しておかなければ、適切なかかわりや援助を行うことができない。

2 ── 保育者のかかわり・保育の内容を検討する

　保育者は、子どもを取り巻く環境の中で子どもに影響を与える重要な人的環境である。そのため、保育者が子どもにどのようにかかわったのか、また子どもが気になる行動を行った際にどのように対応したのかなど、保育者自

身のかかわりを検討する必要がある。それは、このような保育者のかかわりが子どもの行動の変化に大きな影響を与えていることが多いからである。

また、保育の内容についても、合わせて検討を行う必要がある。子どもの気になる行動の中には、保育の内容によって引き起こされていることがある。たとえば、ある子は縦割りの保育の中で集団活動を行っている際、友だちにちょっかいを出したり、先生にちょっかいを出したりすることがあった。しかし、この子は非常に賢く、何事もすぐにこなしてしまうような器用な子だったので、時間が余ってしまい、手持ちぶさたでちょっかいを出していたのである。このように縦割りの保育では、往々にしてこのような事態が起こりかねない。そのため、このような事態が起きないように配慮することや、もしこのような事態が起きた時どのように対応するのかについて備えておくなど、十分に保育の内容を検討することも大切である。

3 ── 子どもを育てる保育ではなく、子どもの成長を支える保育を行う

「子どもを育てる保育」と「子どもの成長を支える保育」では大きな違いがある。「子どもを育てる保育」では、子どもに教え、指導をする姿勢でかかわることが多いのに対して、「子どもの成長を支える保育」では、子どものもつ力を最大限に発揮できるようにするためのかかわりや環境づくりに重点が置かれる。本来子どもは多くの可能性を秘めており、また一方で生まれた時点である程度の力を有して生まれてくる。しかし、周りの環境が子どもの力を発揮できないようにしていることも少なくない。環境さえ整えば、子どもは自分で成長し可能性を伸ばしていくことができるはずである。そういった意味で、保育者としては、子どもが自己発揮できるような環境を整えてあげることが大切である。

第6節 ● インクルーシブ教育システム

1 ── インクルーシブ教育にかかわる教育施策

わが国では、2014（平成26）年1月に「障害者の権利に関する条約」（障害者権利条約）を批准した。この批准に至るまで、2012（平成24）年7月に取りまとめられた「共生社会の形成に向けたインクルーシブ教育構築のための

特別支援教育の推進（報告）」の趣旨をうけ、2013（平成25）年6月には「障害者基本法」が改正され、2013（平成25）年8月には学校教育法施行令が改正されるなど法制度等の整備が行われた。さらに、2013（平成25）年に「障害を理由とする差別の解消の推進に関する法律」（障害者差別解消法）が成立し、2016（平成28）年の施行に伴い、「不当な差別的に取扱い」「合理的な配慮の不提供」の2つの差別が禁止された。このことは、今後の障害のある子どもの教育を取り巻く環境を大きく変化させるものであり、今後の特別支援教育を方向づける契機になった。

　障害者権利条約の第24条では、障害者の教育について述べており、第1項には「締約国は、教育について障害者の権利を認める。締約国は、この権利を差別なしに、かつ、機会の均等を基礎として実現するため、障害者を包容するあらゆる段階の教育制度及び生涯学習を確保する」とある。この「障害者を包容するあらゆる段階の教育制度」がインクルーシブ教育システムであり、その構築が求められている。

2 ── インクルーシブ教育システムとは

　障害者権利条約の第24条によれば、インクルーシブ教育システム（inclusive education system）とは、「人間の多様性の尊重等を強化、障害者が精神的及び身体的な能力等を可能な最大限度まで発達させ、自由な社会に効果的に参加することを可能とするとの目的の下、障害のある者と障害のない者が共に学ぶ仕組み」であると示されている。その仕組みにおいては、障害のある者が一般の教育制度から排除されないこと、その人が生活する地域において初等中等教育の機会が与えられること、個人に必要な「合理的配慮」が提供されることなどが必要とされている。

　また、インクルーシブ教育システムの構築のためには、特別支援教育の充実が不可欠である。特別支援教育とは、子どもたち一人ひとりの教育的なニーズに応じた、適切な指導及び必要な援助を行うことである。そのため、障害がある子どもはもちろん、障害があることが周囲から認知されていないものの学習上または生活上で困難さがある子どもたちにも、またすべての子どもにとってよりよい教育環境であることが大切である。特別支援教育を展開・発展させていくためには以下の3点が必要である。

① 障害のある子どもが、その能力や可能性を最大限に伸ばし、自立し社会参加できるように、あらゆる資源を活用しながら、障害のある子どもの教育の充実を図ること

② 障害のある子どもが、地域社会の中で積極的に活動し、地域の同性代の子どもたちと可能な限りともに学ぶことができるように配慮すること
③ 特別支援教育に関連して、障害者理解を推進することにより、周りの人々が、障害のある人や子どもとともに学び生活する中で、公平性をもって関係性を形成、維持していく必要があること

基本的な考え方としては、<u>障害のある子どもと障害のない子どもが、できる限り同じ場でともに学び、活動することを目指すものである</u>。そのためには、それぞれの子どもたちが、わかりやすい授業内容や学習活動を通じて、達成感や充実感をもてることが大切であり、そのための教育環境の整備が必要である。

● 「第10章」学びの確認
① 「気になる子ども」とは、どのような子どもか考えてみよう。
② 保育者から見て、「気になる行動」にはさまざまな背景がある。どのような背景があるのか考えてみよう。
● 発展的な学びへ
① 保育現場でかかわった「気になる子ども」について振り返り、その子の様子や行動を整理してみよう。
② 「気になる子ども」の行動から、その時にその子が何を感じ、何を考えているのか子どもの立場に立って考えてみよう。

引用・参考文献

1）伊藤健次編集代表『障害のある子どもの保育［第3版］』みらい　2016年
2）文部科学省「共生社会の形成に向けたインクルーシブ教育システム構築のための特別支援教育の推進（報告）概要」
　（http://www.mext.go.jp/b_menu/shingi/chukyo/chukyo3/044/attach/1321668.htm）
3）文部科学省「通常の学級に在籍する発達障害の可能性のある特別な教育的支援を必要とする児童生徒に関する調査結果について」
　（http://www.mext.go.jp/a_menu/shotou/tokubetu/material/1328729.htm）

●○● コラム ●○●

特別なニーズをもつのはすべての子どもたち

　「気になる子」「特別なニーズをもつ子」と聞くと他の子どもとは異なる手のかかる子どもをイメージするだろうか。本来、どの子にも特別なニーズはあり、保育教育実践に「例外」はなく、すべての子どもに「特別なニーズ」があると考えるべきではないだろうか。

　ある母親は発達障害と診断をうけた子どもを育てている。こんな話をしてくれた。「この子と家で1対1になると自分はわが子を殺してしまうと思って縄をくくりつけて外出した。それでも興味のあるものが目に入ると突然走り、そうかと思うと突然止まる。かえって危なかった。時には愛情不足ではないかと指摘されたこともあった。親子の時間をもとうと保育所から幼稚園の転園も考えたけど、受け入れ先がなかった。在園している園の園長先生に相談すると、『これからもっと大変なお子さんがくるかもしれない。その時のためにも勉強させてもらいたいからもう少し預からせて欲しい』それが園長先生の言葉だった」。「それから小学校にあがった。自分の思いが伝わらないと激しい暴力が出てしまう。小学校でも大変だった」。「小学校の先生が、『こんなに大変なのにこの子はおとなに対する信頼が強いですね。きっと乳幼児期にたくさんのおとなから大切にされた経験があるんですね』といわれ、保育所の先生に感謝しかなかった」。そんな話をしてくれた。

　目の前の子どもに心を尽くしてもすぐに目に見える結果がでないかもしれない。でもこのエピソードからは、大切にかかわることが他者への信頼を育てるということがよく伝わる。

　そしてこのことは、発達障害があるとかないとかに関係なく、この時期の子どもたちには共通して大切なことである。

　保育者は一人ひとりの「特別なニーズ」をキャッチして丁寧にかかわることで人間関係の土台をつくっていることを忘れてはならない。

第11章 親の思いと家庭とのかかわり
－子育て支援の視点から－

◆キーポイント◆

　将来の職業として専門職である保育者（保育士、幼稚園教諭等）をめざす者にとって考えておかなければならないことの一つに、親とのかかわりをどのようにすればよいのか、という問題がある。すなわち、日常の保育でかかわる子どもたちの後ろに存在する親とのかかわりをきちんと押さえておかなければ、保育そのものにもさまざまな影響が出てくることが予想される。

　かなり以前から話題になっている「モンスターペアレント」の問題にしても、乳幼児だからそれほど関係はないというわけにはいかない。むしろ年齢が低いからこそ、親はかえっていろいろな課題を投げかけてくるといってよいだろう。現実にこのような親への対応に、多くの保育現場（幼稚園、保育所等）は苦慮しているのである。

　本章では、親の思いを理解しつつ共に子どもを育てていくには、どのような観点で、どう取り組んでいったらよいのか、という視点から考察を試みることにする。

第1節 ● 親は保育者に何を求めているか

1 ── 現代の親事情と保育者の役割

(1) 親とのかかわりにおいて求められている保育者の役割

　保育者には、親と共に子どものよりよい人間形成にかかわろうとする協力体制が不可欠である。これに加えて、近年は子育てをめぐって、親に対する指導、相談、支援という要素が求められている。

　2003（平成15）年に施行された児童福祉法の第18条の4では、保育士の役割として、「児童の保育及び児童の保護者に対する保育に関する指導」が追記された。1999（同11）年改定の保育所保育指針では保育所の社会的役割として「地域における子育て支援」が明示された。さらに2008（同20）年改定の保育所保育指針の「第1章 総則 2 保育所の役割」では、「(3) 保育所は、入所する子どもを保育するとともに、家庭や地域の様々な社会資源との連携を図りながら、入所する子どもの保護者に対する支援及び地域の子育て家庭

に対する支援等を行う役割を担うものである」とされ、2017（平成29）年の改定では総則の「1　保育所保育に関する基本原則」の（1）「保育所の役割」でこのことがより明確になった。

　現代の親がなぜ子育てに悩み、どんな支援を必要としているのかを考え、また、保育者として「守秘義務」に留意しながら、役割を果たしていくことが重要といえる。

（2）　親にとって子どもの存在とは

　今、乳幼児を育てている親が育った背景を考えてみると、1980（昭和55）年から1990（平成元）年前後に生まれ、1990年代のバブル崩壊時に幼小期を過ごし、その後社会人として今日に至ったというケースが多いのではないかと予想される（図11-1）。バブル崩壊や「ゆとり世代」の時代から今日の経済停滞状況に至るまでの厳しい時代背景のなかでおとなになり、家庭をもって子育てに取り組んでいる親にとって、子どもとはどのような存在なのかを考えてみる必要があるだろう。

　近年、街角や電車内などでよく見かける親子の光景としてどのようなものがあるか思い起こしてほしい。気のせいかもしれないが、赤ちゃんや乳幼児をだっこやおんぶしている母親、父親の姿が減ってきたように思われる。代わりに、ベビーバギーに赤ちゃんを乗せて押して歩く姿は、ごく普通の若い夫婦の家庭として目に映るが、10数年前と比較して明らかに異なる点に注目したい。

　それは、子どものファッション化である。赤ちゃんや低年齢児はきれいに着飾り、バギーの周りには楽しそうなキャラクターものの人形やおもちゃを吊り下げ、母親もかなりの装飾品を身につけ、いかにも「この子が私の子どもよ！」と言わんばかりである。それはそれで構わないのだが、どうも子どもをペット化、マスコット化してはいないだろうか、という懸念が起きる。

　子どもを大事にかわいがって育てること自体はなんら問題はない。ほほえましく、声をかけたくなる場面も多々あるだろう。ただし、子どもは、特に乳幼児は親のペットやマスコットではない。子どもであっても一人の人間であり、個人として尊重されなければならない存在なのである。このことは、児童憲章[※1]にしっかりとうたわれている。

※1　児童憲章
1951（昭和26）年5月5日に児童憲章制定会議が作成・宣言した子どもの幸せを願ってつくられた憲章。3つの基本綱領、十二条の本文からできている。

> **児童憲章　前文**
> 　われらは、日本国憲法の精神にしたがい、児童に対する正しい観念を確立し、すべての児童の幸福をはかるために、この憲章を定める。
> 　児童は、人として尊ばれる。
> 　児童は、社会の一員として重んぜられる。
> 　児童は、よい環境のなかで育てられる。

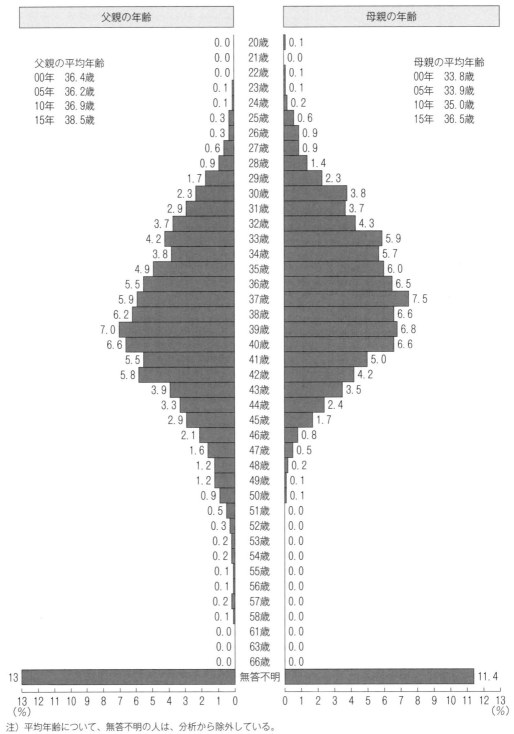

図11-1 幼稚園児・保育園児をもつ親の年齢（首都圏）
出典：ベネッセ教育総合研究所「第5回幼児の生活アンケート」2016年

(3) 子育ての両極化

最近の子育て事情において、マスコミなどでよく言われているのが「子育ての両極化」という問題である。わが子を猫かわいがりして育てる親がいる一方で、自分の感情をそのままに子どもにぶつけ、最悪の場合には児童虐待に走るケースが増加しているのである。

近年、児童虐待が増え、さらには信じられないような親の子殺しが報じられるような時代になっている（図11－2、表11－1）。しかも、保育現場にも起こる場合もあるというのが現状である。

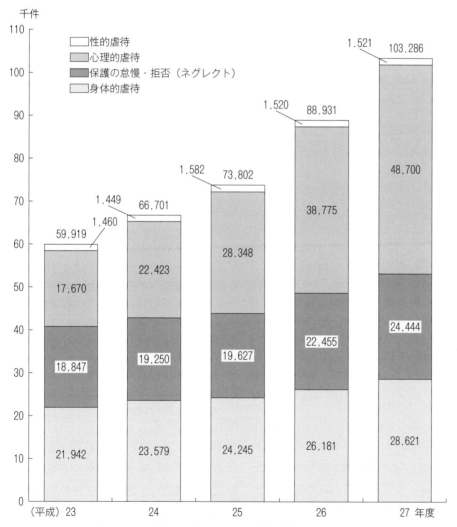

図11－2　児童虐待の相談種別対応件数の年次推移
出典：厚生労働省「平成27年度福祉行政報告例の概況」

表11-1　被虐待者の年齢別対応件数の年次推移　　　　　　　　　　　　　　　　　　　　（単位：件）

	平成23年度		24年度		25年度		26年度		27年度		対前年度	
		構成割合(%)		構成割合(%)		構成割合(%)		構成割合(%)		構成割合(%)	増減数	増減率(%)
総　数	59,919	100.0	66,701	100.0	73,802	100.0	88,931	100.0	103,286	100.0	14,355	16.1
0～3歳未満	11,523	19.2	12,503	18.7	13,917	18.9	17,479	19.7	20,324	19.7	2,845	16.3
3歳～学齢前	14,377	24.0	16,505	24.7	17,476	23.7	21,186	23.8	23,735	23.0	2,549	12.0
小学生	21,694	36.2	23,488	35.2	26,049	35.3	30,721	34.5	35,860	34.7	5,139	16.7
中学生	8,158	13.6	9,404	14.1	10,649	14.4	12,510	14.1	14,807	14.3	2,297	18.4
高校生・その他	4,167	7.0	4,801	7.2	5,711	7.7	7,035	7.9	8,560	8.3	1,525	21.7

出典：厚生労働省「平成27年度福祉行政報告例の概況」

2 ── 親から保育者への要望調査からの考察

(1) 保育者に求められる資質・能力

　2002（平成14）年に文部科学省は「幼稚園教員の資質向上について─自ら学ぶ幼稚園教員のために─」という調査を行った。その報告書のなかで、幼稚園教員に求められる資質を次のようにまとめている。

> **幼稚園教員としての資質**
> 　幼稚園教員は、幼児一人一人の内面を理解し、信頼関係を築きつつ、集団生活の中で発達に必要な経験を幼児自らが獲得していくことができるように環境を構成し、活動の場面に応じた適切な指導を行う力をもつことが重要である。また、家庭との連携を十分に図り、家庭と地域社会との連続性を保ちつつ教育を展開する力なども求められている。その際、幼稚園教育が、小学校以降の生活や学習の基盤の育成につながることに配慮し、幼児期にふさわしい生活を通して、創造的な思考や主体的な生活態度などの基礎を培うことに留意する必要がある。言うまでもなく、これらの教育活動に携わるにあたっては、豊かな人間性を基礎に、使命感や情熱が求められる。

　それでは、親が求めている保育者の資質とは一体どのようなことだろうか。ここに保育者養成に携わる教員たちによるアンケート結果（表11-2）があるので紹介したい。この調査は、保育者にどのような資質・能力が必要かを、親と幼稚園教諭それぞれに質問紙調査でアンケートを取り、その結果を上位順にまとめたものである。まず総体的にみて、上位3位までは教師・保護者とも項目がほぼ同じであった。これは幼稚園教諭とは、まず子ども好きであって、一人ひとりを大切にし、子どもの気持ちを理解できる者であるべきという大前提が一致したとみてよいだろう。

　次に4位以下が教師と保護者で大きく異なっているのがわかる。ちなみに、保護者の考える4位は、教員10位の「子どもの関心を引き出しながら保育ができる」であり、5位にあげられた「嘘やいじめに対して毅然とした態度を

表11-2　教員の資質向上に関する先行研究

教員の資質・能力として必要と思われる34項目のなかから、保護者および幼稚園教諭の双方にとって重要と思われる項目を選んでもらい、得票の高い順に並べた（2010年発表）。

保護者の回答	幼稚園教諭の回答
1　子どもが好きである	1　子どもが好きである
2　子どもの目線に立ってコミュニケーションがとれる	2　子ども一人ひとりの個性を大切にする
3　子ども一人ひとりの個性を大切にする	3　子どもの目線に立ってコミュニケーションがとれる
4　子どもの関心を引き出しながら保育できる	4　自らの資質や能力を高めようとする
5　嘘やいじめに対して毅然とした態度をとる	5　子どもをひきつける表現力がある
6　子どもをひきつける表現力がある	6　保護者とのコミュニケーションがとれる
7　子どもの評価が公正・的確である	7　だれとでも協力できる
8　子どもの失敗をおおらかに受け止められる	8　子どもの模範となるような言動ができる
9　子どもの模範となるような言動ができる	9　同僚とのコミュニケーションがとれる
10　教師としての使命感、情熱、意欲をもっている	10　子どもの関心を引き出しながら保育できる
11　クラスを年齢に応じてまとめていける	11　子どもの失敗をおおらかに受け止められる
12　社会的な模範を守る	12　教師としての使命感、情熱、意欲をもっている
13　保育内容についての知識が豊富である	13　子どもの評価が公正・的確である
14　子どもの心のケア・教育相談ができる	14　嘘やいじめに対して毅然とした態度をとる
15　子どものしつけができる	15　自分自身が夢を抱いている
16　保育技術が身についている	16　多様な考え方・見方を受け入れられる
17　保護者とのコミュニケーションがとれる	17　憧れの対象となるような人間的魅力にあふれている
18　だれとでも協力できる	18　クラスを年齢に応じてまとめていける
19　多様な考え方・見方を受け入れられる	19　生活指導上のアドバイスができる
20　自らの資質や能力を高めようとする	20　社会的な模範を守る
21　子どもの成長・発達に関する専門知識が豊富である	21　保育技術が身についている
22　憧れの対象となるような人間的魅力にあふれている	22　子どもの成長・発達に関する専門知識が豊富である
23　生活指導上のアドバイスができる	23　幅広い教養を持っている
24　同僚とのコミュニケーションがとれる	24　保育内容についての知識が豊富である
25　幅広い教養を持っている	25　子どもの心のケア・教育相談ができる
26　考えたことを実行できる	26　考えたことを実行できる
27　得意分野をもっている	27　子どものしつけができる
28　自分自身が夢を抱いている	28　得意分野をもっている
29　社会の一員として世の中の変化に敏感である	29　社会の一員として世の中の変化に敏感である
30　地域の実情について深く理解している	30　社会に貢献しようという意識が高い
31　社会に貢献しようという意識が高い	31　地域の実情について深く理解している
32　情報機器が活用できる	32　情報機器が活用できる
33　地球的規模の問題への関心がある	33　地球的規模の問題への関心がある
34　国際社会で通用する語学力がある	34　国際社会で通用する語学力がある

出典：関西国際大学教育学部の教員・保育者養成に携わる教員で組織された研究会「教員養成を語る会」による調査

とる」は、教員では14位であった。これはどのように考えればよいだろうか。
　親が保育者に求めている資質・能力で特徴的なことは、まず、子どもへの関心やかかわりを大切にしてほしいという願いがはっきりと現れていることである。要するに、わが子を中心に、子どもそのものをなによりも大切にしてほしい。分けへだてなく公平に、しかも子どもの失敗にはおおらかに受け止めてほしいという親心が現れている。先にも述べたように「嘘やいじめに対して毅然とした態度をとる」が上位に位置しているのは、それだけ親が子ども同士のかかわりに過敏になっており、現代的課題の一つともいえるのではないだろうか。
　一方、保育の現場にいる幼稚園教諭たちが必要と感じている資質・能力の上位を見てみると、コミュニケーションに関する事柄が重視されていることがわかる。つまり、親や子ども、同僚の教師、さらには「だれとでも協力できる」といった、周りに存在する人々すべてとの人間関係を大切にできる人材が求められていることが読み取れるのである。なかでも、親とのコミュニケーションの大切さ、難しさが実感として伝わってくるようで、現在の幼児教育現場での課題が浮き彫りになっている。

第2節 ● 親とのコミュニケーションと信頼関係

1 ── 子育ての悩みの実態

(1) 親の悩みは多岐に渡っている

　親の子育ての悩みについて、全国私立保育園連盟が行ったアンケート調査の結果をまとめたのが図11-3である。
　母親・父親ともに最も多い悩みは「(子どもが) いうことをきかない」で、母親が27.8％、父親が22.8％となっている。次に多い悩みも母親・父親ともに「食が細い・偏食・過食である」である。母親についてみると、悩みが「特にない」という回答が30.8％であることから、残りの約7割がなんらかの悩みを抱えていることがわかる。一方、父親についてみると、「子どもと十分接することができない」と回答した割合が高く、長時間労働の背景がうかがえる。

第11章●親の思いと家庭とのかかわり－子育て支援の視点から－

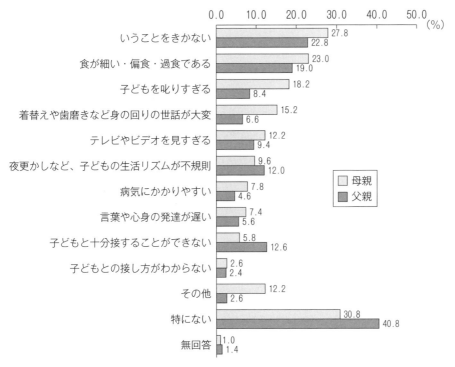

図11－3　父母の子育ての悩み

出典：全国私立保育園連盟「乳幼児の育児と生活に関する実態調査報告書」2008年　p.31
（http://www.zensihoren.or.jp/pdf/torikumi_kenkyu_houkoku2008_3.pdf）

(2) 育児不安は漠然とした不安が多い

次に、別のアンケート調査から「育児不安」についての結果（図11－4）をみてみると、父親よりも母親のほうが圧倒的に不安を感じている様子がうかがえる。特に「子どものことがわずらわしくてイライラする」ことが「よくある」と「ときどきある」と答えた数を合わせると約7割にのぼる。また、「子どものことで、どうしたらよいかわからなくなることがある」ことも多くなっている。

(3) 2つのアンケート結果から

前述の2つのアンケートから、いくつかの課題がみえてくる。

まず、ほぼすべての項目で父親より母親のほうが割合が高い。すなわち、子育ての悩みや育児不安は母親のほうがより強く感じており、言い換えれば、父親は子どもと接する機会が母親より少ないために気づいていない面も多いと予想される。

次に、子育ての悩みには生活習慣などの子どものしつけ面での悩みが多く、次に身体面や発達面で気にかかることがあるようだが、内容はかなり細かく

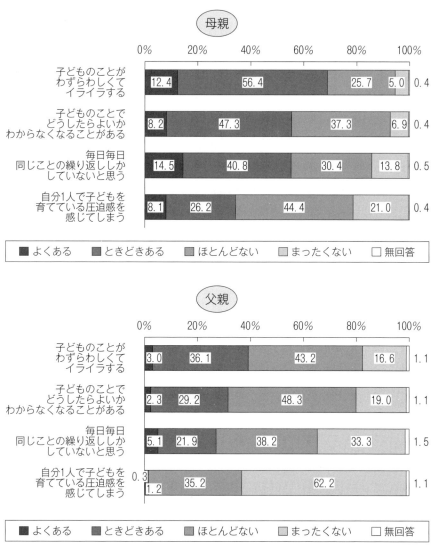

図11-4　育児不安について
出典：全国私立保育園連盟「乳幼児をかかえる保護者の子育ての現状」2006年
（http://www.zensihoren.or.jp/pdf/torikumi_kenkyu_gaiyou.pdf）

分かれており、個人差がある。つまり、ステレオタイプな見方は通用しないため、一人ひとりにきめの細かい対応をしていく必要がある。

　また、育児不安には、たとえはっきりとした理由がなくとも「なんとなく不安」「漠然とした不安」が伴うことに注意しておきたい。

　いずれにしても、これらの悩みや不安に保育所や幼稚園等で積極的に応えていくことは必須であり、保護者からは保育者の適切なアドバイスやかかわりが求められている。

(4) 保育者と親のかかわり方

保育者と親とのかかわり方には主に次のようなものがある。

① 送迎時の対話
② 連絡帳によるやりとり
③ 懇談（個別と集団）

送迎時は短時間ではあるが、保育者と親が日常的に顔を会わせる大切な場である。積極的に子どもの様子を伝えていきたい。とはいえ、送迎時の時間は限られているため、保育者は声をかけそびれてしまうことも多い。そこで連絡帳でのやりとりを活用して、園での子どもの様子と家庭での子どもの様子を伝え合うという手段が有効となる。

また、行事の一つとして定期的に行う懇談会だけでなく、それぞれの悩みや要望に対処するための個別の懇談も視野に入れておきたい。いずれの場合にも保育者は、言葉を慎重に選び、伝え方にも工夫することが必要だが、なによりもまずは親の不安な気持ちを受け止めることが大切である。

第3節 ● 気になる親への対応

1 ── 親からの要望あれこれ

(1) 保育の現場にはどのような要望が寄せられているか

前節で紹介した親への援助におけるかかわり方やアプローチに日頃気をつけていても、保育現場において、親から寄せられる要望や苦情のなかには常識的とは言い難いものもある。以下に示すのはいずれも極端な例だが、実際にあったものばかりである。

---

① 担任が若過ぎて頼りないので代えてほしい。
② クラスに乱暴な子がいるので、その子を他のクラスに変えてほしい。ダメなら自分の子を他のクラスに変えてほしい。
③ うちの子は運動が苦手なので、無理に外遊びをさせないでほしい。
④ ピーマンが食べられないので給食に入れないでほしい。
⑤ 皮膚が弱いのでプール遊びは休ませる。
⑥ 3歳を過ぎてもオムツが取れないのは保育者のせい、早く何とかして！
⑦ けんかをして顔を傷つけられた。親に謝りに来させて、治療費を払ってほしい。
⑧ 子どもの通園服に泥がついて汚れた。園の責任なのでクリーニング代を出してほし

⑨ わが子が主役から外れたのは納得がいかない。主役に戻せないか。
⑩ 8月も保育料を払っているのだから、幼稚園の夏休みも保育をしてほしい。

　これらはほんの一例である。しかも「自分はなんら間違ってはいない、悪いのはすべて相手側である」という態度で、要望や苦情を訴える親もいる。このような場合、保育者は一体どうすればよいだろう。もし、あなたが担任だったらどう対応するだろうか。

(2) 無理難題にどう対応していくか

　小学校や中学校と同じように、さまざまな苦情や要望が幼稚園や保育所等にも寄せられてくる。しかし、多くは園長・所長の判断で、毅然として真摯な態度で臨めば解決するという。しかし、親は大切なお客様という側面もあり、無下にあしらうわけにはいかないのが現実である。

　あるベテラン園長は「とにかく相手の話をよく聞いてあげることです。話せば気が済むケースが半分以上です。あまり解決を急がず話し合いに時間をかけることが大切です。日頃からの信頼関係があるかないかで解決方法もかなり違ってきます」と言う。

　いくら無理難題を突きつけられても、相手の立場も考えて、「お互いに冷静になってよい解決策を考えましょう」という態度が大切なことは間違いない。いずれにしても双方に信頼関係があれば、ほとんどの問題は解決できるであろう。いかに信頼関係を築くかが親への対応の最大のポイントといえる。ただし、ケガや病気など危機管理※2にかかわる案件は、早急な対応が必要なのはいうまでもない。

　参考までに前項にあげた要望や苦情への対応例を記しておくが、これはあくまで一つの例である。保育所や幼稚園等の方針や親の考え方、子どもの発達の様子などによって、対応の仕方は少し違ってくる場合もある。<u>「いかに子どもにとってよい経験をさせることができるか」ということを保育の根幹に持ちつつ、親への対応を考えていってほしい</u>（以下は回答例）。

※2　危機管理
さまざまな不測の緊急事態を事前に予防したり、危機発生後の対応措置をできる限り速やかに講ずること。

① 担任が若いといっても、保育士・教諭は保育者養成機関できちんと専門教育を受けてきており、子どもの発達については親よりも基礎知識は多くもっているプロである。若いだけにベテランよりも体はよく動き、プラス面も多々あるので長い目でみてほしい、ということを伝える。
② 乱暴かどうかは多分に主観的な見方が多いため、クラス移動を問題にするよりも、どうすればクラスになじめるようになるかを園全体の保育者で考え、またその子の親

第11章●親の思いと家庭とのかかわり－子育て支援の視点から－

と懇談を行って解決方法を探る。
③ 苦手なものを克服するのも教育の目的の一つである。一律な運動が無理なら、個別対応で少しずつ運動できるように配慮していく。
④ 嫌いな食べ物でも食べられるように工夫するのも教育・保育の目的である。アレルギーなどの場合を除いて個別の給食はできないことを説明する。
⑤ 一斉でのプール遊びが無理なら、足だけ水につけるとか、ミニプールで水遊びをするなど、水に親しめる工夫をできる限り行う。
⑥ オムツはずしは無理に急がせる必要はないが、ほかの子と遊ぶ時、本人が大変であることを伝える。そのうえで、一方的に園に押しつけるのではなく、家庭でもタイミングをみて尿意を伝えるように仕向けてもらう。
⑦ 園でのケガは園の責任なので、園の責任者が謝りにうかがう。治療費等も園で支払うが、事実関係は双方の親にきちんと話しておく。
⑧ 子どもは衣服を汚すのが普通である。汚れて困るような衣服を着て園に来させないようにあらかじめ話しておく。それでも着てくるなら、それは親の責任でもある。ただし、伝え方には十分な配慮が必要である。
⑨ 配役を子どもたち同士で決めたのか、保育者が決めたのかで対処が異なるが、基本はみんなが主役という考え方であることを伝え、発表会の意義そのものを理解してもらうようにする。
⑩ 一年間の総保育料を便宜上12回に分けて支払ってもらっているということを理解してもらう。

2 ── 児童虐待やいじめへの対応とひきこもりの現状

(1) 保育現場における「いじめ」について

　近年、小学校や中学校では、子ども同士の「いじめ」の問題が深刻な課題となっている。保育の現場でも一部取りざたされることがあるが、実は、親の思い過ごしが多いことも事実である。なぜなら、子どもの大半はまだ母子分離ができておらず、一方、子離れができていない親も多いからである。たとえば、子どもは園で遊んでいて不満があるとそのことを親に訴える。それを親は真に受けて「わが子は、みんなからいじめられている」と担任や園長に訴えるケースが見受けられる。はたしてこれが「いじめ」といえるかどうかは判断が難しい。ただし、ただ単にいじめを否定するのではなく、日常のその子の様子をしっかり伝え

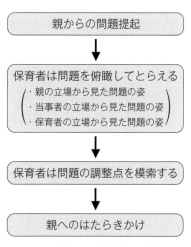

図11－5　問題解決の過程

る必要はある。親とのコミュニケーションが取れていれば、誤解も解けるといえよう（図11－5）。

(2) 児童虐待が疑われるケースの発見と対応

　一般的に、親自身のストレスから児童虐待に走るケースが増えているといわれている。さらに、このような児童虐待が疑われるケースを、日常の保育のなかで保育者が発見することも多くなってきている。児童虐待が疑われるケースとして次のようなものがある。
　① 最近、衣服の汚れが目立ち、洗濯をした様子がみられない。
　② 毎日、朝食を食べずに登園してきているようである。
　③ 身体の見えにくい場所にアザや傷がみられる。
　④ これまで明るかった子が、最近急にあまり笑わなくなったり、元気がみられない。
　⑤ 身体がにおう。しばらく風呂に入った様子がない。
　⑥ なにかにおびえているような感じがする。
　明らかに急激な変化がみられる場合には、一応児童虐待を疑ってみる必要があるが、個人情報にかかわることなので、慎重な対応と配慮が求められる。まずは上司（園長・主任）に相談をし、園内で話し合ってその子どもの家庭状況について共通認識をもち、児童虐待にあたるかどうかを確かめてみる必要がある。
　<u>その親と強い信頼関係がある場合は率直に聞いてみることも可能だが、あくまで親の思いを受容する姿勢でかかわることが大切である。親との信頼関係に自信がもてない時は、直接聞くのは難しい場合が多いので、専門機関に相談するほうがよい。</u>
　児童福祉法には、児童虐待を発見した時は児童相談所や福祉事務所などに通告する義務があると明記されている。連絡方法は電話でも直接訪問でも構わない。迷ったときは専門機関に通告する前に一度、役所の所管課や保健所に問い合わせることも選択肢の一つといえる。仮に児童虐待が判明したとしても、保護者を一方的に責めるのではなく、一緒に解決方法を考えていくという姿勢が大切である。

(3) ひきこもりの現状と課題

　最後に、現代の若者の側面として、近年特に社会問題視されているひきこもりについてふれておきたい。次ページ（表11－3、図11－6）をみると相当多くの若者がひきこもり状態にあることがうかがえる。

第11章●親の思いと家庭とのかかわり－子育て支援の視点から－

　ひきこもりの要因は個々人で異なるので、ここでの解説は差し控えたいが、幼児期からの親子関係とは無縁と言い切れないのが現状ではないだろうか。

表11－3　ひきこもり群の定義と推計数

	有効回収数に占める割合（％）	全国の推計数（万人）	
ふだんは家にいるが、近所のコンビニなどには出かける	0.40	15.3	狭義のひきこもり 23.6万人(注4)
自室からは出るが、家からは出ない	0.09	3.5	
自室からほとんど出ない	0.12	4.7	
普段は家にいるが、自分の趣味に関する用事のときだけ外出する	1.19	準ひきこもり 46.0万人	
計	1.79	広義のひきこもり 69.6万人	

（注）1．15～39歳の5,000人を対象として、3,287人（65.7％）から回答を得た。
　　　2．上記ひきこもり群に該当する状態となって6か月以上の者のみを集計。「現在の状態のきっかけ」で統合失調症または身体的な病気と答えた者、自宅で仕事をしていると回答した者、「ふだん自宅にいるときによくしていること」で「家事・育児をする」と回答した者を除く。
　　　3．全国の推計数は、有効回収数に占める割合に、総務省「人口推計」（2009年）における15～39歳人口3,880万人を乗じたもの。
　　　4．狭義のひきこもり23.6万人は、厚生労働省「ひきこもりの評価・支援に関するガイドライン」における推計値25.5万世帯とほぼ一致する。
出典：内閣府「若者の意識に関する調査（ひきこもりに関する実態調査）」2010年

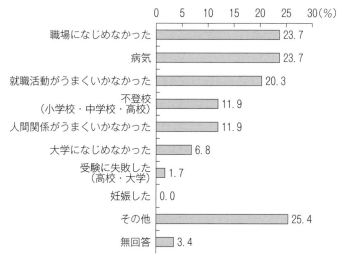

図11－6　ひきこもりになったきっかけ
出典：内閣府「若者の意識に関する調査（ひきこもりに関する実態調査）」2010年

● 「第11章」学びの確認
①親とコミュニケーションをとることがなぜ大切なのか、またどんな支援が求められているか話し合ってみよう。
②児童虐待にはどのような原因が考えられるか、また児童虐待をどのように理解し、どう考えていけばよいか意見を交わしてみよう。
●発展的な学びへ
あなたがもし保育者だったら、子育ての悩みや育児不安について親にどんなアドバイスを行うか、文章にしてまとめてみよう。

引用・参考文献

1）母子愛育会愛育研究所編『日本子ども資料年鑑　2017』ＫＴＣ中央出版　2017年
2）濱名陽子ほか「幼稚園教師に求められる資質能力―幼稚園本調査の結果分析」『教育総合研究叢書』第3号　2010年　pp.17－32
3）全国私立保育園連盟編『乳幼児をかかえる保護者の子育ての現状－調査結果の概要』2016年
4）関西国際大学・教員養成を語る会編『教育総合研究叢書』第4号　2011年
5）小田豊・菅野信夫監修『保育の「困った！」対応ガイド』ひかりのくに　2009年
6）日本子どもを守る会編『子ども白書　2016』草土文化　2016年
7）日本婦人団体連合会編『女性白書　2016』ほるぷ出版　2016年

●○● コラム ●○●

子育て支援の「あいうえお」と「月火水木金土日」とは？

　保育を学び、研究する者にとって、親の気持ち（心理）を理解することが大切なのはいうまでもないが、同時に親に対して「こんな子育てをしてほしい」という助言やメッセージを伝える努力も欠かせない。ここでは、誰でも簡単に覚えることができる子育てのキーワードを紹介しよう。親とのコミュニケーションに役立ててほしい。まず、子育てで大切な「あ・い・う・え・お」からみていこう。

「あ」は、「遊び」。子どもは遊んで育ち、遊びから学ぶ。
「い」は、「イメージ（想像力）」。想像力が育てば創造力も豊かに。
「う」は、「歌（音楽）」。歌が好きで音感が育てば、表現力が豊かに。
「え」は、「絵を描く」。絵を描いたり物をつくることで考える力が身につく。
「お」は、「お話・絵本」。親がお話や絵本で子どもと接する大切さ。

　では次に、子育てで必要な「月・火・水・木・金・土・日」とは？
「月」は、「月や星」を見る夜の環境体験を。必ず親が付き添う。
「火」は、「たき火」などの火を使う体験。もちろん親子一緒に行う。
「水」は、「水遊び」。お風呂などでの水遊びから川や海での水遊び体験まで。
「木」は、「森や林」の自然環境へのかかわり。周りの動植物にも関心を。
「金」は、お金ではなく「金属」の鉄棒やブランコの遊具体験。
「土」は、もちろん「砂遊びや泥遊び」などの土とのふれあい体験。
「日」は、「お日様（太陽）」のこと。子どもには外遊びが必要。

　このように、自然を中心としたさまざまな環境にふれることで、親子の絆が深まり、子どもの心身の育ちが促進されるであろう。ただし、不注意からの事故や不審者への対応など、周辺の危機管理と安全対策には十分な注意・配慮が必要である。

索　引

あーお

愛着　51, 176
愛着（の）形成　22, 52, 116
愛着関係　23, 113
愛着行動　53
アクティブラーニング　159
遊び　88
遊びの分類　89
安心感　29, 137
安全基地　26, 37, 126
生きる力の基礎　19
育児不安　189
移行対象　68
いざこざ　27, 28, 148
居場所　27, 61
意欲　77
インクルーシブ教育システム　178
運動機能　25
エリクソン　58
エントレインメント　57
応答的　23, 115
オートノミー　80
思いやり　29
折り合いのつけ方　30

かーこ

解釈　96
カウンセリングマインド　82
学習　88
家事育児の負担　46
葛藤　28, 76, 79, 83, 91, 120
活動過程（プロセス）　165
過程　34, 168
カリキュラム・マネジメント　104
環境構成　127
環境構成図　102
感情　90

感情体験　163
キーコンピテンシー　17
危機管理　192
気になる子ども　172
規範意識　121, 148
規範意識の芽生え　35, 82, 148
基本的信頼　57
きまり（規範）　35, 77
気持ちを調整する力　30
客観視　119
教育　23
共感　78, 136
共感性　29
共感的な姿勢　138
共振的な関係　129
協働　43, 77
共同　76
協同　77, 94, 136
協同性　96, 121, 164
協同的体験　168
協同的な遊び　145
記録　96, 102
緊張　175
工夫　30
クラス経営　82
グローバル社会　10
けんか　78
合意の形成　131
貢献意識　156, 157
行動注目獲得行動　174
心の支え　32
個人情報　194
子育ての両極化　185
ごっこ遊び　65
子どもの成長を支える保育　178
子どもを育てる保育　178
子離れ　193
懇談会　191

さーそ

再接近危機　54
三項関係　153, 163
自我　62, 117
試行錯誤　30, 121
自己感　62
自己肯定感　15, 24
自己主張　63, 75, 163
自己調整　70
自己統制力　35, 79
自己有能感　109
自己抑制　75
自己領域を守る　117
事実　96
資質の向上　97
支持的な風土　158
自尊感情　15
しつけ　84
児童虐待　185
児童憲章　183
自発性　93
自分なりに考える　34
自分らしさ　64
社会情動的スキル　165
社会的カテゴリー　74, 79
社会的モデル　66
集団が育つ　142
守秘義務　183
受容　78
受容的　23, 115
受容的・応答的なかかわり　27
小学校への接続　168
少子化対策　42
少子高齢社会　40
情緒的な絆・愛着　23
情緒の安定　25
衝動　69

情動調整　68
将来の子ども像　48
所属意識　30
自律　80
自立　31
自立心　121
シンクロニー　57
人工知能（AI）　10
心情　77
身体的機能　25
身辺自立　121
信頼関係　29, 192
生理的未熟児　53
善悪の基準　34
ソーシャルリファレンス　14
育ちの道筋　126

たーと

態度　77
代弁　115
他者意識　74
多様性　140
地域社会の教育力　150
長時間労働　46
通告する義務　194
統制感　70
道徳性　67, 82, 121
特別支援教育　179

特別な配慮を要する子ども　172
トラブル　27

なーの

内省　69
内発的動機づけ　125
仲間意識　120
ナラティブ・アプローチ　141

はーほ

発達過程　145
ひきこもり　194
引っ込み思案　175
人の役に立つ喜び　156
人見知り　60, 115
非認知能力　27, 43, 165
表面的なかかわり　37
不安　175
深い学び　37
ぶつかり　160
不適応状態　174
分離不安　60
保育過程の質　103
保育構造の質　103
保育サービスの向上　42
保育者の使命　15
保育所保育指針　17, 47, 81
ボールビー（Bowlby）　52

母子分離　54, 193
保幼小連携　109
ポルトマン　53

まーも

まね　29
3つの視点　23
モラル意識　83
問題解決　78

やーよ

ゆとり世代　183
養護　23
幼児期の終わりまでに育ってほしい姿　19, 47, 120
幼児教育の共通化　48
幼稚園教育要領　17, 47, 81
幼保連携型認定こども園教育・保育要領　17
よさを認める　141
欲求段階説　61
よりどころ　27

らーろ

レジリエンス　81, 168
連絡帳　191
労働力の不足　41

新時代の保育双書

保育内容 人間関係 [第2版]

2009年10月10日　初版第1刷発行
2017年7月30日　初版第9刷発行
2018年4月10日　第2版第1刷発行
2023年4月1日　第2版第6刷発行

編　者　濱名　浩
発行者　竹鼻均之
発行所　株式会社みらい
　　　　〒500-8137　岐阜市東興町40　第5澤田ビル
　　　　TEL　058-247-1227(代)
　　　　https://www.mirai-inc.jp/
印刷・製本　サンメッセ株式会社

ISBN978-4-86015-445-5　C3337
Printed in Japan　乱丁本・落丁本はお取替え致します。